ビギナーズ 日本の思想

# 空海「性霊集」抄

空海

加藤精一＝訳

# 空海「性霊集」抄　目次

空海が真言密教の教理を構築する目的で製作した『弁顕密二教論』、『即身成仏義』、『秘蔵宝鑰』などに代表される著作を、空海の正面からの顔とすれば、今回取り上げた『性霊集』は、人生の折折に著作した朝廷への願文（申請書）、碑文、歎徳文、書簡などを、弟子の真済が写し取り十巻に編纂したものであるから、これらの文は空海の横顔（プロフィル）というべきものである。しかし後にその内の三巻が散逸したので仁和寺の済暹が努力して集めなおし補闕鈔三巻とし、前七巻と合わせて再び十巻とした。ここには合計一一二の文が収められているがそのうち四文は明らかに空海のものではないことがわかるので、一〇八の文が空海の作として現在まで伝えられていることになる。

なお『性霊集』の序文を編者の真済が書いているが、格調の高い漢文に驚かされる。師である空海を弟子の眼でどうとらえているかが知れて興味深い。強い尊敬の気持で師を仰ぎ、その種々の偉業をたたえているが、その文中に「年深く執事して未だその軽きを見ず」（長い間お事えしましたが、軽はずみな言動をされたのを見たことがありません）とあり、空海は弟子にとっては威厳のある人物と受け取られていたことがわかる。しかし一方で空海は、漢詩に秀でており文章家としても傑出したものを持ち、合わせてきわめて豊かな情緒を兼ね備えていた人物であることなど、『性霊集』の文を味読すればおのずと明らかなのである。本書を通じて、空海の、花も実もある人柄を垣間みて頂ければ幸いである。そしてその底に一本貫ぬかれた真言僧としての矜持のあることも見逃されないことを願って序とする。

なお本書の書き下し文は恩師勝又俊教先生編修になる『弘法大師著作全集』（第三巻、山喜房佛書林刊）に依っており、現代語訳も全面的にお世話になり、時には愛読書である坂田光全先生著『性霊集講義』（高野山出版社刊）をも参考にさせて頂いた。先生方の学恩に心から感謝申し上げる。

## 一、山中に何の楽かある（七）

山中に何の楽かある。遂に爾永く帰ることを忘れたり。一の祕典、百の衲衣、雨に湿ひ雲に霑うて塵とともに飛ぶ。徒に飢ゑ徒に死して何の益かある。何れの師かこの事を以て非なりとせん。

君見ずや、君聴かずや、摩竭の鷲峯は釈迦の居。支那の台嶽は曼殊の盧なり。我をば息悪修善の人と名づく。法界を家として恩を報ずる賓なり。天子は頭を剃つて仏駄に獻じ、耶孃は愛を割いて能仁に奉る。家もなく国もなし、郷属を離れたり。子にあらず臣にあらず、子として貧に安んず。澗水一坏朝に命を支え、山霞一咽夕に神を谷う。懸羅細草、体を覆うに堪えたり。荊葉杉皮これ我が茵なり。意ある天公、紺の幕を垂れたり。竜王篤信にして白き帳陳ねたり。山鳥時に来つて歌一たび奏す。山猿軽く跳って、伎、倫に絶えれたり、春の華、秋の菊、笑つて我に向えり。暁の月、朝の風、情塵を洗う。一身の三密は塵滴に過ぎたり。十方法界の身に奉献す。一片の香煙、経一口、菩提の妙果、以つて因とす。時花一掬、讃一句、頭面一礼して丹宸を報ず。八部恭恭として法水に潤ひ、四生念念に各真を証せん。慧刀揮斫して全き牛なし。智火纔に放つて灰留らず。不滅不生にして三劫を越えたり。四魔百非憂えるに足らず。大虚寥廓として円光遍し。寂冥無為にして楽みなりやいなや。

## 一、〔口語訳〕山中に何の楽かある

高野山の中での生活に何か楽しいことがあるのですか。あなたはずいぶん長い間、京都へお帰りになりませんね。経典も衣も雨や雲で湿けてぼろぼろになってしまうでしょう。なすことも無しにただ飢え、そして死んでしまうのは何の益がありましょう。いかなる師でもそのような生活が正しいとは言わないでしょう、と友人の良岑朝臣からたよりをもらいました。この友情ある帰京のすすめに対してお答えします。

あなたも知っての通り、仏陀釈尊のおすまいはインドマガタ国の鷲峯山という山の上ですし、かの文殊菩薩のいおりは中国の五台山という山の上にあります。このかたがたは御自分を修行者と名づけ、この世界全体をすみかとしながらしかも仏恩に報じていると考えておられます。烏茶国の国王であった善無畏三蔵（密教の高僧）は王位をすててまで仏陀に帰依しておりますし、耶嬢（父母）の愛を断ち切って能仁（仏陀）に帰依しているのです。僧侶というものは定まった家も無く、国とて無いのです。故郷もありませんし親戚や縁者もありません。子として家を継ぐこともありませんし、臣として君に仕えることもありません。ただ一人（孑として）で住み、貧しさなど気になりません。谷川の水を飲んで命を支え、山の霞をすって心をやしなっています。自然に生えているかずらやくさを身にまとい、いばらの葉や杉の皮を寝床にしています。天はそういう私に同情してか、紺色の幕を張り（青空のこと）同じく竜神は私のために白い緞帳を下げ（白い雲のこと）てくれます。そこへ山鳥がやってきて歌を歌い、山の猿が登場して軽技を演じて、まことに上手で、人間以上です。春には春の花々が、秋には菊をはじめ秋の花々が咲いて私の心をなぐさめてくれますし、あけがたの月、朝の風はまことに気持よく、私の心を洗ってくれるのです。私の身・口・意の活動は数かぎりもありませんが、それらはすべて、十方世界に遍満しておられる大日如来にささげ奉るものなのです。そしてお香を焚きお経を読んでは、悟りを得る因とし、時節の華を供え、讃をとなえ、頭を地面につけて皇室（丹宸・朱塗の建物、大裏）に感謝を奉げるのです。そうすれば、仏法守護の天竜八部衆たちも、うやうやしく仏の教えにうるおい、生きとし生けるものすべてが、それぞれに悟りを証することになるのです。悟りの智慧の刀で煩悩を絶ち切るのは、丁度料理人が牛の肉を料理して、牛のすべての肉をあとかたも無く料理するのに似ています。仏の智慧の火は人間の煩悩を焼き尽して灰も残らないのです。こうして煩悩を断絶すれば生死の思いを超越し、不生・不滅の絶対の境地となり、さまざまの迷いから解放されます。あらゆる悪魔、あらゆる否定等の辺見の心配などなくなって、大空が広々と広った中に仏の円な光明があまねく光りかがやいているのです。こうした静かな境地こそ、本当の楽しみといえるのではないでしょうか。

〔解説〕これは次の二の文と同じく、親しい良岑朝臣からの帰京をうながす書簡に対する返信である。短いものであるが、山中の生活を続ける空海の気持がよく現われている。特に天の神が自分のために青い幕を張り白い緞帳をおろし（青空と白雲）舞台を設定してくれたところへ、鳥や猿が演奏演技をして楽しませてくれるというあたりは、山中の生活をユーモアに満ちた表現で示すなど、空海の文学的素養のまことに豊かなことが知れるのである。あとに続く強烈な仏陀への帰依の心をなごませるプロローグとして読む者の胸を打つ。空海のあまり知られていない一面をしのぶことができる、と思う。

## 二、徒に玉を懐く（八）

問う、師、玉を懐いて開くことを肯んぜず。独り深山に往いて人の哈を取れり。

君聴かずや、君聴かずや。調御の髻珠は霊台に祕し、宣尼の良玉は沽らめやと称す。方円の人法は黙さんには如かず。説聴瑠璃のごとくならば、情幾ばくか擡げん。古の人は道を学んで利を謀らず。今の人は書を読んで但だ名と財とにす。輪王の妙薬は鄙しうすれば毒となり、法帝の醍醐も謗ずれば災をなす。夏月の涼風、冬天の淵風、一種の気なれども嗔喜同じからず。蘭肴美膳、味変ずることなくとも、病の口、飢の舌は睧苦別なり。西施が美笑は人愛して死すれども、魚鳥は驚き絶えて都べて悦ばず。同じきと同じからざると、時と時ならざると、昇沈・讃毀・黙語、君これを知れりや。これを知れ。これを知るをば知音と名づく。知音と知音と蘭契深し。

## 二、〔口語訳〕徒に玉を懐く

空海上人、あなたは京都を去って高野山にこもっておられますが、それは大切な玉をかくしてしまうようなものでまことにもったいないことだ、と人はうわさしています。どうされたのですか、とのたよりを（良岑安世様から）頂きました。

良岑様、あなたもすでに御存知でしょうが、みほとけは最も大切にされている髻中の銘珠（頭の髻の中にしまってある宝珠）、ともいえる悟りのお心は、心の奥に秘めておられて安易に人に説かれませんし、宣尼（孔子）も良玉のような大切な心の内をみだりに人に売り込むようなことはされなかった、というではありませんか。教えを説く人とそれを聴く人の心が一方は四角で他方が丸くては、説かないに限ります。両方の心が、瑠璃の宝玉のように即応して映じ合った時がくれば、私の心も開けて、お話する気持にもなるでしょう。昔から偉大な人々は、正しい道を学び、自分の利益のことなど考えませんでした。ところが今どきの人々は、書物を読んで学ぶのはよいのですが、それを名誉と財産に変えようと考えているのです。輪王（転輪聖王—仏陀）の妙薬（すばらしい教え）も粗略に与えればかえって毒になってしまいますし、法帝（仏陀）の醍醐（すばらしい教え）、すなわち真言密教についても、これを理解せずに非謗すれば地獄に堕ちることになる、といわれます。夏に吹く涼風と冬の寒風は、同じ風なのですが一方は人に喜ばれ一方は嫌われるのです。どのようなぜいを尽した食事でも、食べる人が病気であるのと飢えてお腹のへっている場合とでは全く味が異るのです。西施のような美人が笑えば男性は死ぬほど喜んで集まりますが、魚や鳥はただ驚いて逃げてしまって、喜ぶどころではありません。

心が合致しているか否か、時がうまく合っているか否か、昇ると沈むと、称賛と非難と、黙ると語ると、その時々で変わらねばならないのです。この難しさを知って頂きたいと思います。この苦しみを知ってくれるのが、故事にいわれる知音（琴と笛の名手どうしが互いに相手の妙音を理解し合う、心からの友情をいう）というものです。あなたと私とは蘭の香りのようによい香りの親友どうしですからよくおわかりいただけると思います。

〔解　説〕空海が京都を去って高野山に登りしばらく降りてこなかった時があり、親交のあった良岑朝臣が、ぜひ早く帰京して下さいというたよりを出したのに答えた書簡である。これによれば空海の説く真言密教に反対する有力な人々が存在していたことがわかるし、空海の立場はかなり苦しい局面にあったことが理解できる。空海が順風満帆の人生を送っていると安易に受け取っている人は認識を改めるべきである。

同時にこの短い書簡の中から、空海の深い配慮、気くばりのこまやかさを読み取ることもできる。身分制度の強い当時の社会の中で常に堂々と、けれん味の無い主張をしている空海も、一方で細心の注意を払い続けていることが知れるきわめて興味深い一文である。

　空海の行動した平安初期は、伝統的な奈良仏教に一部堕落もありその反動で仏教全体には逆風が吹いていた時代であった。桓武天皇も京都（平安京）の中には寺院を置かず、わずかに東寺と西寺だけを許して他はすべてこの二寺に集合させたのである。その中で最澄、空海の二人がニューリーダーとして頭角をあらわすのであるからその苦労も大変なものがあったと推測される。勿論この二人にはそれぞれ有力な外護者のあったことも事実で、良岑安世もその重要な一人であった。奈良仏教が当時の為政者たちの信頼を失いつつあったことは、同じ空海の著作『秘蔵宝鑰』中巻のいわゆる「十四問答」を読めばよくわかると思う。そうした傾向をなんとかくい止めて仏教を建て直そうと努力したのが最澄と空海なのであった。

## 三、大唐神都青竜寺故三朝の国師灌頂の阿闍梨恵果和尚の碑（一三）

日本国学法の弟子苾蒭空海撰文幷に書

俗の貴ぶ所は五常、道の重んずる所は三明。これ忠これ孝、声を金版に彫る。その徳天のごとし、盍ぞ石室に蔵めざらんや。嘗試にこれを論ずるに、滅せざるは法なり、墜さざるは人なり。その法、誰か覚する。その人何にか在るや。

ここに神都青竜寺東塔院の大阿闍梨法の諱は恵果和尚という者あり。大師掌を法城の行崩に拍って、迹を昭応の馬氏に誕ず。天、精粋を縦にして、地、神霊を治す。種はこれ鳳卵、苗は竜駒なり。高く翔って木を択ぶ。囂塵の網、これを羅ること能わず。師歩して居を占む。禅林の葩、実にこれト食せり。遂に乃ち故諱大照禅師に就いてこれを師とし、これに事う。その大徳は大興善寺の大広智不空三蔵の入室なり。昔髫齓の日、師に随つて三蔵に見ゆ。三蔵一たび目て驚異すること已まず、竊にこれに告げていわく、「我が法教、汝それこれを興すべし」と。既にしてこれを視ること父のごく、これを撫すること母のごとし。その妙蹟を指してその密蔵を教ゆ。大仏頂、大随求、耳に経れて心に持す。普賢の行、文殊の讃、声を聞いて口に止む。年救蟻に登として霊験処に多し。時に代宗皇帝これを聞しめして勅あつて迎入す。これに命じてのたまわく、「朕、疑滞あり。請ふ為にこれを決せよ」と。大師、法に依つて呼召して紛解くこと流るるがごとし。皇帝これを歎じてのたまわく、「竜の子、少しといえども、能く雨を下すことを解る。この言虚しからず、左右紳に書す。入瓶の小師今に見つ」と。従爾巳還、驥騄迎送して、四事欠けず。

年進具に満ちて孜孜として雪を照す。三蔵の教海、脣吻に波濤なり。五部の観鏡、霊台に照曜す。洪鐘の響き、機に随つて巻舒す、空谷の応、器に逐うて行蔵す。始には四分に法を秉り、後には三密灌頂す。弥天の弁鋒も刃を交えること能わず。炙輠の智象も誰か敢えて底を極めん。

この故に三朝これを尊びて国師とし、四衆これを礼して灌頂を受く。もし乃ち旱魃葉を焦せば、那伽を召いて雱沱し、商羊堤を決くれば、迦羅を馯つて杲杲たらしむ。その感、晷を移さず。その験、掌に在るに同じ。皇帝皇后、その増益を崇ぶ。瓊枝玉葉、その降魔に伏す。これ乃ち大師慈力の致す所なり。

縦使、財帛軫を接え、田園頃を比ぶれども、受くることあつて貯ふることなし。資生を屑にせず。或は大曼荼羅を建て、或は僧伽藍処を修す。貧を済ふに財を以てし、愚を導くに法を以てす。財を積まざるを以て心とし、法を慳まざるを以て性とす。故に、もしは尊、もしは卑、虚しく往いて実ちて帰る。近きより遠きより光を尋ねて、集会すること得たり。訶陵の弁弘は五天を経て接足し、新羅の恵日は三韓を渉つて頂戴す。剱南にはすなわち惟上、河北にはすなわち義円、風を欽うて錫を振ひ、法を渇うて笈を負ふ。もしまた、印可紹接せる者は義明供奉その人なり。不幸にして車を求むるは、満公、これに当れり。一子の顧に沐して三密の教を蒙るはすなわち智璨玫壹が徒、操敏堅通が輩、竝に皆三昧耶に入つて瑜伽を学び、三秘密を持して毗鉢に達す。

或は一人の師となり、或は四衆の依となる。法燈界に満ち、流派域に遍し、これ蓋し大師の法施なり。親を辞して師に就き、飾を落して道に入りしより、浮嚢他に借らず、油鉢常に自ら持す。松竹その心を堅くし、氷霜その志を瑩く。四儀粛まざれども成り、三業護らずとも善し。大師の尸羅ここに美を尽す。寒を経、暑を経れどもその苦を告げず。飢に遇い疾に遇えどもその業を退せず。四上持念して四魔降を請い、十方結護して十軍面縛す。能く忍び能く勤む、我が師の譲らざる所なり。法界宮に遊びて胎蔵の海会を観じ、金剛界に入つて遍智の麻集を礼す。百千の陀羅尼これを一心に貫き、万億の曼荼羅これを一身に布く。もしは行もしは坐、道場即ち変ず。眠るに在つても覚めたるに在つても観智離れず。ここを以て朝日と与んじて長眠を驚かし、春雷と将んじて久蟄を抜く。我が師の禅智、妙用ここに在るか。栄貴を示して栄貴を導き、有疾を現じて有疾を待つ。病に応じて薬を投じ、迷を悲しんで指南す。

常に門徒に告げていわく、「人の貴きは国王に過ぎず。法の最なるは密蔵に知かず。牛羊に策つて道に趣くときは久しくして始めて到り、神通に駕して跋渉するときは、労せずして至る。諸乗と密蔵と豈に同日にして論ずることを得んや。仏法の心髄要妙ここに在り。無畏三蔵、王位を脱躧し、金剛親教盃を浮べて来り伝ふ。豈に、徒然ならんや。金剛薩埵、稽首して寂を扣いてより、師師相転して今に七葉。冒地の得難きには非ず、この法に遇うことの易からざるなり。この故に、胎蔵の大壇を建てて灌頂の甘露を開く。期する所はもしは天、もしは鬼、尊儀を覩て垢を洗い、或は男、或は女、法味を甞めて殊を蘊む。一尊一契は証道の径路、一字一句は入仏の父母なる者なり。汝等、勉めよや、勉めよや」。我が師の勧誘、妙趣ここに在り。

それ一たびは明かに一たびは暗きこと天の常なり。乍ちに現じ、乍ちに歿すること、聖の権なり。常理尤ち寡く、権道益多し。

遂に乃ち永貞元年歳乙酉に在る極寒の月満を以て、住世六十、僧夏四十にして法印を結んで摂念し、人間に示すに薪の盡くるを以てす。嗚呼、哀れなるかな、天、歳星を返し、人、恵日を失う。筏、彼岸に帰りぬ。溺子、一何せん。悲しいかな、医王迹を匿す、狂児誰に憑りてか毒を解らむ。嗟呼、痛いかな、日を建寅の十七に簡び、塋を城邱の九泉に卜す。腸を断つて玉を埋め、肝を爛らかして芝を焼く。泉扉永く閉じぬ。天に愬ふれども及ばず。荼蓼鳴咽して火を呑んで滅えず。天雲黲黲として悲しみの色を現わし、松風飂飂として哀しみの声を含めり。庭際の菉竹は葉故のごとし。隴頭の松檟は根新たに移す。烏光激廻して恨の情切なり、蟾影斡転して攀擗新たなり。嗟呼、痛いかな、苦しみを奈何せん。

　弟子空海、桑梓を顧みればすなわち東海の東、行李を想えばすなわち難中の難なり。波濤万万たり、雲山幾千ぞ。来ること我が力にあらず、帰らんこと我が志にあらず。我を招くに鉤を以てし、我を引くに索を以てす。舶を泛べし朝には、数異相を示し、帆を帰す夕には、縷しく宿縁を説く。和尚掩色の夜、境界の中において弟子に告げていはく、「汝未だ知らずや、吾と汝と宿契の深きことを。多生の中に相共に誓願して密蔵を弘演す。彼此に代師資となること只一両度のみにもあらず。この故に汝が遠渉を勧めて我が深法を授く。受法ここに畢りぬ。吾が願も足りぬ。汝は西土にして我が足を接す。吾は東生して汝が室に入らん。久しく遅留することなかれ、吾れ前に在つて去らん」と。

竊にこの言を顧みるに、進退我が能くするにあらず。去留我が師に随う。孔宣は性異の説に泥むといえども、妙幢は金鼓の夢を説く。所以に一隅を挙げて同門に示す者なり。詞、骨髄に徹して、誨、心肝に切なり。一たびは喜び、一たびは悲しんで、胸裂け、腸断つ、罷みなんと欲すれども能わず。豈に敢えて韞黙せんや。我が師の徳広きことを憑むといえども、還つて恐るこの言の地に堕ちんことを。彼の山海の変じ易きことを歎きて、これを日月の不朽に懸く。乃ち銘を作つていわく、

生は無辺なれば行願極りなし　天に麗き水に臨んで　影を万億に分つ
ここに挺生あり人の形にして仏の識あり毗尼と密蔵と呑み并せて余力あり
修多と論と胸臆に牢め籠めたり四分法を乗り三密加持す
三代に国師たること万類これに依る雨を下し雨を止む不日にして即時なり
所化縁尽きて怕焉として真に帰す恵炬已に滅えて法雷何れの春ぞ
梁木摧けたり痛いかな苦しいかな松檟封閉して何れの劫にか更に開かん

## 三、〔口語訳〕大唐神都青竜寺故三朝の国師灌頂の阿闍梨恵果和尚の碑

唐の都、長安の青竜寺に住まわれた、三代の皇帝の師僧として灌頂（頭上へ

加持した麗水を灌ぐ密教の儀式）を授けられた高僧である恵果和尚の碑　日本国から来て学問及び法灯を教え伝えて頂いた弟子の僧、空海文並に書。

世間一般で貴とばれる徳目は五常（仁・義・礼・智・信）であり、仏教徒として重んぜられる価値といえば三明（宿住智証明・死生智証明・漏尽智証明という三つの悟り）であります。また忠とか孝の心が厚い人々は、その名声を黄金の板に彫って後世に伝えます。したがって、その徳がきわめて高いこのおかたの行績を彫んで石室に収め永く顕彰することが必要であります。こころみに申しますが、正しい教えは不滅であり、その教えを不滅にするのは人なのです。では一体どのおかたが、正しい教えを覚られたというのでしょう。

そのおかたこそ長安・青竜寺・東塔院に住まわれた大先生、ご法名、恵果和尚その人なのです。阿闍梨様は仏法の興隆のために出家されましたが、お生まれは昭応という地の馬氏のご出身であります。生来、清らかな精気を備えられておりましたが、さらに神霊によって精神を陶冶されました。お生まれから賢者となる素質を備えておられたかたであります。高く世俗を超越した立派な師僧につかれ、俗世間の教えの網にかかることなどありませんでした。あたかも師子が畏なく堂々と歩み進んでご自分の居所を定められたのと同じです。その居所こそじつに幸いにも真言の教えだったのであります。そして大照禅師を師として師事されたのです。大照禅師の師は大興善寺の大広智不空三蔵でありました。その昔、恵果和尚が七、八歳の御幼少の頃、大照禅師と共に不空三蔵にお会いした時のこと、不空三蔵は恵果少年を一目見て驚かれ、ひそかに申されたことには、私が伝えている真言密教を将来に興隆してくれるのは君だね、と。そして以後不空三蔵は恵果和尚を父のごとく母のごとく可愛がり育ててくれました。そして微妙甚深の密教を指導してくれました。これに答えて恵果和尚も、大仏頂陀羅尼や大随求陀羅尼などの長い陀羅尼さえも一度耳に聴けば心で覚え保ち、普賢行願讃や文殊の讃などの讃文も一たび誦する声を聞けばたちまちに暗記できるほどで、十四、五歳になりますと法を修してその効験があらわれることもしばしばであったといわれます。ある時に代宗皇帝が（恵果和尚のうわさを）お聴きになり宮中に迎えられ、次のように命じられました、「朕はいま解決できない問題をかかえている。どうかこの疑念を晴らして貰いたい」と。そこで恵果和尚は直ちに修法して摩醯首羅天を呼び招き、皇帝の疑念を水の流れるように解かれたといわれます。これを見て皇帝は感心され、こういわれたといいます、「竜王の子は若くしても雨を降らすことができるというが全くその通りである。この不思議な事実を左右の家来よ紳（帯・白布）に誌しておくがよい。故事に、昔、小僧が小さな瓶に出たり入ったりしたというはなしがあるが、いまこの若い僧が同様の不思議なことをやってのけたのだから」と。それ以来、皇帝は足の速い良馬を用いて和尚を送迎され、四事（衣服・臥具・飲食・湯薬）に不自由の無きようおはからい下さったといいます。二十歳（具足戒を受ける歳、進具）となり、古人が油が買えないので雪の光で勉強したといわれる話のように猛烈に（孜孜として）勉強されました。経・律・論の三蔵の広大な教えを、唇が波うつようにすべて読破されたのです。その結果、五部（仏部・蓮華部・金剛部・宝部・羯摩部、金剛界の五部）の智慧の光が心中に光りかがやいたのです。大きな鐘はそれを撞く人の力によって音に大小あるように、ある時は巻き（黙る）ある時はひろげ（説く）、谷のこだまが人の声の大小によって変るように、ある時は説きある時は黙るという変幻自在の指導をされました。弥天の道安の如きするどい弁説もとてもかなわず、古来から知られる底知れぬ智慧者もかなわぬほど深い智慧を持っておられました。この故に代宗・徳宗・順宗という三朝の皇帝が和尚を尊ばれて国師とされ、また比丘・比丘尼・優婆塞・優婆夷の四衆たちもこぞって和尚を師と仰ぎ、和尚にしたがって灌頂を受けたのです（密教の弟子となった）。

日でりの時は那伽（ナーガ、竜）を祈って大雨を降らせ、水害の起ろうとする時（商羊は鳥の名、この鳥がさわぐと洪水が起ると伝う）は伽羅（金翅鳥・ガルダ）を祈って天を晴らせるなど、その効験のききめの速きこと日蔭を移さぬほどであり、霊験を掌中に把握しているかの如く、確実であられたのです。

皇帝、皇后は僧益（福利を求める）の修法を尊とばれ、皇族の方々も降魔（調伏）の修法に感動されましたが、これもひとえに和尚の法力のたまものでありました。

和尚はたとえ多くの金品の施しや土地の施入を受けてもご自分のものに決してせず、世間的な欲望などものの数にされません。それらの施しによって大曼荼羅を作成したり、伽藍を造営修復したり、仏法興隆のために使われたのです。貧しい人々を済うには金品が効果があり、物を知らない人々には教えをもって導くのが一番ですが、和尚は財産を私有しないことを心がけ、そのかわりに教えることは慳むことなくされました。このために、身分のある者も無い者も、和尚を訪れる時は手ぶらで往き、帰る時には心豊かになっているという具合で、遠近を問わず多くの人々が光を求めるように和尚のもとに集りました。

訶陵（国名）の弁弘は五天（インド）を経て来唐して和尚の弟子となり、新羅の恵日は三韓（新羅・百済・高麗の三国で朝鮮半島のこと）より来唐して同じく和尚の弟子として大法を受けたのです。中国では剱南の惟上、河北では義円が和尚の教えを求めて集り、その門人となりました。そして内供奉（宮中内道場に出仕する僧）の義明は印可（許可）を受け法を受け継いでいます。不幸にして満公（義満）は師より先になくなっています。親が一人子に与えるような慈愛を受けて密教の教えを授ったのは、義智、文璨、義玫、義壹など、また義操、義敏、行堅、円通など彼らは皆、和尚にしたがって曼荼羅に入り、灌頂を受け三昧耶戒を授り、密教を学び、三密の妙行を体得して真理を観想するまでになりました。

和尚は天子の師となり、出家者たちの師となり、その法の燈は世界に充満し、教えの流れは国内に広まったのです。これはまさに和尚の法のほどこしの賜でありました。和尚が出家されて僧侶になってからというものは戒律をかたく守り、常に注意を怠らずに精進されたのです。松や竹が常に緑のようにお志は常にしっかりと変らず、氷や霜が常に透明であるように、お心は常に清らかにみがきあげられておられました。行・住・坐・臥、どこにあってもおのずから立派でありましたし、身・口・意の三業（行為）はおのずから善に向いておられました。大師（先生、恵果和尚を指す）の戒を守られた様子はまさに完全なる美しさを示しておられました。寒さや暑さにも耐え、食糧がとぼしくともお身体の具合が悪かろうとも常に前向きに行動を続けられました。晨・午・昏・

夜のいつでも堂に上られ、五蘊魔・煩悩魔・死魔・天魔の四つの魔軍も和尚の行為には勝てぬと降伏を告げるほどでした。あらゆる方角においても守りが堅いものですから、あらゆる煩悩が縛り上げられ降伏してしまいました。よく耐えしのび、よく勤めはげまれました。わが師、和尚にはだれ人も及ぶものはいないでありましょう。

大日如来の境界に到達され、胎蔵・金剛の両界の麻の実の如き無数の諸尊を礼拝し、百千にのぼる陀羅尼を心にとどめ、無数の曼荼羅を自心に敷きつめるように観想しておられました。常日頃、行動していても坐していてもその場所がさとりの道場となり、眠っていても覚めていても諸仏を観想し仏智を得るお心を持ちつづけられ、すなわち、朝日が人々を長い眠りから覚めさせたり、春の雷鳴が、永く土の中で冬ごもりしていた虫たちを目覚めさせるように、多くの人々の煩悩を打ち払って下さいました。わが師（恵果和尚）のお悟りの智慧の作用はまことにすばらしいというのは、名利を求めるものには名利を授け、病気のものには療法を授け、その上で道を授けるという具合で、彼らの病に応じて薬を与える如く、迷いに応じて人々を指導されたことであります。（和尚は）常に弟子たちにこう言っておられました。「人でいえば国王が最高位であるように、教えで言えば密教に勝るものはない。乗り物で言えば、牛や羊に乗って行けば、かなり時間を要する所でも、神通力で行けばほんのひと飛びで到達できる。だから他の教えと密教とを同じような見方で見てはいけない。仏教の心髄、最重要、最微妙な教えが密教なのだ。であるから、善無畏三蔵が、わら靴を脱ぎ棄てるように王位を棄てて密教の僧侶となり、また金剛智三蔵が、海路を船ではるばる渡って来られたのも決して無駄なことではなかったのだ。金剛薩埵が大日如来より密教を授かって以来、恵果和尚まで七代、悟りが得がたいのではない、この密教という法に出遇うことが容易なことではないのである。この故に胎蔵界の大壇を設置し、灌頂の儀式を催して甘露の如き密教を人々に灌いだのである。私の願っているのは、天でも鬼でもだれでもが灌頂を受けて、心の垢を清浄にし、男性でも女性でも、密教に入ってそのすばらしい教えに親んでもらいたい。そうすれば、一尊に触れ、一印を結んで覚りへの道を歩み、一字の種字を書き、一句の真言を唱えることによって成仏の願いがかなうのである。君たち弟子たちよ、努力しなさい、努力しなさい」と。わが師（恵果和尚）の指導のすばらしさはここにあったといえるのです。昼になりまた夜になるというのは天の変化であります。突然に現われ突然に没するのは仏さまの方便のあらわれといえましょう。天の摂理は常に変りませんが、方便の作用はよく起るものであります。

すなわち永貞元年（唐暦）乙酉の年、十二月十五日（陰暦）世寿六十歳、法臘四十、（師は）法界定印を結んで正念に心を定め、一人の人間としてこの世を去られたのであります。ああ、何と悲しいことか。天は和尚の魂を呼び返し、人々は智慧の光を失ったのです。和尚は悟りの世界に帰られましたが、残された私たちはどうすればよいのでしょう。悲しいことであります。医王とも仰ぐ和尚は遷化され、足あとをかくしてしまわれました。私たち迷っているものたちはどうしたら迷いから抜け出ることができるというのでしょう。ああ、何とつらいことでしょう。正月の十七日、埋葬の地は長安城北の墓地に定めました。

腸を断つ思いで埋葬し、肝を爛らす思いで火葬いたしました。和尚は永遠に黄泉の国に旅立たれたのです。天に訴えてもどうにもなりません。にがたで（植物）を食べたような苦しみで泣き、火を呑むほどの苦しさが消えませんでした。雲はうす黒く曇って悲しみを示し、松の木の間を吹く冬の風も悲しみの声をあげているようでした。庭のまわりの竹の緑はそのままに、丘の近くの墓所には松の木を新しく植え込みました。日輪が速くめぐるにつけても恨みの心が切々と胸を打ち、月輪が速くめぐるにつけても悲しみに胸がふさがれる憶いなのです。ああ、何とつらいことか、この苦しみをどうしたらよいのでしょう。

　私こと弟子空海は、故郷は東海の東から参りましたが、その行程はきわめて遠く、難渋いたしました。万里の波濤を越え、雲の山を越えて航海して来ましたが、こちら（中国）に来ることも、（日本に）帰国することも、すべて私の意志ではなく和尚のお導きでありました。まるで鉤でひっかけるように、索で引っぱるように私を指導して下さったのです。朝な夕なにしばしば不思議な現象を示されたり、あるいは私と和尚との深い因縁を説かれました。和尚が入滅された夜のことですが、私の心境界の中に和尚が現われて私にこういわれたのです。「おまえは私とおまえとの深い宿縁に気付かなかったのか。これまで何度も生まれ変わる間に私もおまえも誓願を立て密教を弘めて来たのだ。その間、互いにかわるがわる、師となり弟子となってきた。そしてこのたびはおまえがはるばる遠国に渡ることをすすめ、私が深い教えである密教を授けた。そして受法は終り、私の願いも成就した。おまえは唐の国（西土）で私の弟子となった。次の世で私は東方の日本に生まれてお前の弟子になるであろう。これ以上おまえはここに留っていてはいけない。私は先にこの世を去ることにする」と。

和尚のこのおことばを考えてみますと、私の行動は、進むにしても退くにしても、去るにしても留るにしても、すべて師の指導にしたがって来ました。孔子は怪・力・乱・神を語らずのことばのとおり、不可思議なものには納得されませんでしたが、仏教では妙幢菩薩が夢の中で金鼓を打つ声から如来の法を聴いたという故事（『金光明最勝王経』）のように不可思議なことを認めておりますす。ですから和尚の不思議な想い出を同門の人々に示そうと考えたのです。

この和尚のおことばは私にとって骨の髄にまでしみ通るようですし、和尚のみ誨は心の奥深く肝にまで銘ずる気持で大切にいたします。和尚との宿縁の深いことをうかがってまことに嬉しいことですが和尚とお別れするのはこの上なく悲しく、胸がはり裂け、腸がたち切れるようなこの気持をおさえることはできません。和尚の徳の広大なことは問題ないのですが、もし和尚の伝えが後世に伝わらないといけません。海や山が畑に変るように時勢は移りやすいものですから、月日が永遠に続くように、碑銘を作り石にきざんで置きたいと思うものです。(以下碑銘)

衆生は無数存在するのでこれを済度するための仏陀の行願も数かぎり無い。仏陀もある時は天上より、またある時は水辺におられてその影を映すように万億のお姿となって人々を救済される。

ここに人々から抜きんでた方がいる。人間の姿をしているが心は仏陀と等しい。戒を堅固に守り密教を合わせて修得されなお余りあるほどである。一切の経論を十分に学ばれ、四分律を研鑽され、三密加持の妙行を修され、代宗・徳宗・順宗、三代の皇帝の国師として万民に帰依された。その加持力は、時に雨を降らせ時には止めさせて自由自在であった。そして衆生を化導された縁が尽き、静かに入滅された。万人を照し導く智慧の光は消えてしまった。衆生を導いて下さる春雷は果していつになったら出現して下さるのか。立派なかたを失ってしまった。苦痛にみちて悲しんでいる。もう塚の上には松檟（植物）が植え込まれてしまった。いつになったらこの封が解かれる時が来るというのか。その時は来ないのである。

〔解　説〕空海が留学生として日本（肥前田浦）を出発したのは延暦二十三年（八〇四）かぞえ三十一歳の七月であった。出港後台風に遇い三十四日の漂流、福州での不本意な逗留などあり、長安城において唐の皇帝に接見したのは十二月二十五日で、日本を発って実に半年が経過している。さらに翌八〇五年正月には皇帝崩御、葬儀をすませてただちに順宗皇帝が即位、というあわただしさであった。以後約四ヶ月、遣唐大使の帰国を見送った空海は長安城内で梵語などを学んで過した。
青竜寺の密教僧、恵果和尚に会うのは六月十三日、その後ただちに六月、七月、八月と胎蔵法、金剛界の学法灌頂、さらに伝法灌頂を受法しその年の十二月十五日、恵果和尚は入滅してしまう。したがって、空海と恵果和尚との出会いは、これもわずか半年なのである。

和尚との出会いとその後の受法については、空海が日本に帰国後、朝廷に提出した『御請来目録』に詳しく述べてあるが、その後半の一部を記してみよう。

恵果和尚は告げて言われた、「真言秘蔵の経疏は隠密にして図画を仮らずんば相伝うることあたわず」と。則ち唐朝に仕えている李真等の十余人の画師をして胎蔵・金剛等の大曼荼羅等一十鋪を図絵し、また二十余人の写経生をして金剛頂経等の最上乗密蔵の経を書写させてくれた。さらにまた朝廷に仕えている鋳博士の趙呉をして新たに密教の法具一十五事を造らせた。これらの物を東海の一青年僧、空海に悉く与え、かつ慇懃に付法し遺誡したのである。そして空海にこう語った。「いまこの土の縁尽きぬ、久しく住すること能わじ。宜しくこの両部大曼荼羅、一百余部の金剛乗の法及び三蔵（不空を指す）転付の物、ならびに供養の具等は、請う、本郷に帰りて海内に流伝すべし。わずかに汝が来れるを見て、命の足らざることを恐れぬ。今すなわち授法の在るあり。経像功畢んぬ。早く郷国に帰って、もって国家に奉り、天下に流布して蒼生（国民）の福を増せ。然ればすなわち四海泰く万人楽しまん。これすなわち仏恩に報じ師恩に報じ、国のためには忠なり、家においては孝なり。義明供奉（恵果和尚の中国での一番弟子）ここ（中国）にて伝えん。汝はそれ行け、之を東国に伝えよ。努力せよ、努力せよ」と。

空海の入唐の大目的はこれで達成された。不空三蔵の正嫡である恵果和尚から、あたかも写瓶のごとく（水をこちらの瓶からそちらの瓶に移すように、残らず）密教の奥義を伝受してもらったのである。

この文中で恵果が、密教を持ち帰って日本に弘めることは「国のためには忠なり家においては孝なり」と述べていることは、かつて空海が二十四歳で著作した『三教指帰』で忠孝問答といわれる部分で決断したこと、すなわち当時は不忠不孝とせめられたが、将来かならず大忠大孝の道によって国や家族に報いるという約束を果たせる、という喜びが込められていると思う。また同時に「早く日本に帰国せよ」との師の遺命を強調しているのは、留学生の二十年という期間を、わずか足かけ三年に短縮した「闕期の罪」という法律違反をあえて犯したことの朝廷への謝罪の意味が込められていると思う。空海が恐れていた通り、この法律違反は一部の人々から、のちのちまで空海非難の格好の材料となっていたことは確かで、後の『秘蔵宝鑰』の十四問答と称される部分で、朝廷に対して、法律違反といってもいろいろあり、宗教家が師の遺命を守らなければならない場合などは、国家もその内容を考えて欲しい、と述べている通りである。

さて前置きが長くなったが、空海が和尚にしたがって受法を終り、学ぶべきものをすべて学び終り、真言密教に嫡々相承されてきた付嘱物を受け終ると同時に、この年の十二月十五日に、恵果和尚は長安城青竜寺の東塔院においてこの世を去ったのである。年が明けて元和元年（唐暦、日本では大同元年、八〇六年、空海三十三歳）正月十七日、遺弟たちは和尚の遺身を城東に葬った。遺弟たちの協議の結果、和尚の碑を建てることになり、多くの弟子を代表して、異国の弟子の空海が碑の文並びに書を依頼されて作ったのがこの文である。

しかし考えてみるとこの碑文の全体は余りに長文であり、内容も空海にしては冗長に過ぎ、繰りかえしが多すぎる。もちろん大恩を蒙った師の遷化に遭った悲しみの深いことは十分承知しても、この全文を碑に彫るためには余程大きなものを考えねばならない。しかも後半には空海自身のことまで書いている。これから見て碑文としては最後の部分、銘として書かれた四字一句で合計二十四句がそれに相当し、その他のほとんどの部分は青竜寺に小冊子として残し、訪れる者がだれでも閲覧できるようにしたのではないか、と推測するのである。青竜寺の発掘は進んでいないし碑も見出せない。あるいは城東の墓所に立てたかも知れない。四字一句で二十四句（九十六文字）ならば碑文として適当なものと思うがどうであろう。

最後の銘の部分はきわめて客観的に和尚の偉大なることを讃（たた）えており、文章作りの名手空海の真骨頂を示していると思う。

## 四、中寿感興の詩　并に序（一五）

覚日は本より常なり、妄時は代謝す。撫塵は昨のごとくなれども不惑は催す。何ぞ忍びん、日天矢のごとくに運って人の童顔を奪う。不分かな、月殿疾く来って人をして変異せしむ。士流はこの日強占し、羅門はこの歳勇進す。俗家にはこれを賀して酒会す。方袍何事をか是なりとせん。如かじ、目を閉ぢ端坐して仏徳を思念せんには。

粤に文殊讃仏法身礼、四十行の頌あり、文約かにして義周ねし。句句金玉のごとくにして字字早円融せり。古文にいわく、「知命にして易を読めば義趣入り易し」。況んや復た四十の年歳にして五八の頌を観ぜん。豈に快からざらんや。達夜循環して感通ここに在り。その文別ち易くして深義解り難し。聊か童矇のために引いてこれを申べてもつて一百二十の礼となす。兼ねて方円二図を作つて並に義注を撰す。

冀くは生盲の徒をして頓に三昧の法仏は本より我が心に具せり、二諦の真俗は倶にこれ常住なり、禽獣卉木は皆これ法音なり、安楽都史は本来た胸中なりということを悟らしめん。

時に悲収忽ちに過ぎて日月ここに陳りぬ。雲雨彩を含んで或は灑ぎ、或は霽る。風葉絃を調べて乍ちに吟じ、乍ちに寂かなり。滝水は鼙鼓のごとく、伐木は柷敔のごとし。経貝長く諷じて、鐘磬間に響く。懸蘿袖を投じ、枝の猿足を頓つ。曲れる根を褥とし、松柏は餚饍たり。茶湯一埦逍遥にまた足んぬ。

咨、許由山藪に啄い、慧遠林泉に飲む。その天稟に任せて昼夜に安楽なるものは誠にこれ堯日の力なり。その功、岳を負い、その徳、淵海のごとし。斗藪の客遂にしかも帰るを忘れ、逸遊の士なんぞ懐を闊かざらん。この景物に対つて誰か手足に耐えん。乃ち志を写していわく、

黄葉山野に索きぬ　蒼々として豈に始終あらんや
嗟余五八の歳　長夜に円融を念う
浮雲何れの処よりか出でたる　本これ浄虚空なり
一心の趣を談ぜんと欲すれば　三曜天中に朗かなり。

**四、〔口語訳〕中寿感興の詩　幷に序**

（数え四十歳をむかえた気持を詠んだ詩及び序文）

仏陀・大日如来のおさとりはもちろん常住不変ですが、迷いの世界は常に変化しております。私もついこのあいだまで少年のつもりでおりましたが、この

たび四十歳（不惑）を迎えました。まことに耐えられない気分です。月日は矢のように過ぎ、人はまたたく間に年をとってしまいます。残念なことです。年をとると人は変っていきます。役人たちはさらに高い禄を得ようと努力しますし、インドのバラモン（司祭者）はこの歳になると一段と精進して山林修行に入ります。在家の人々は中寿を祝って酒宴を催します。出家である私はどうしたらよいでしょう。言うまでもありません、目を閉じ正坐して仏陀の温徳を仰ぎ思うのみであります。

さてここに『文殊讃仏法身礼』（不空訳）という四十行の頌文があります。この文は簡潔ですが内容は要を得ています。一句一句が金か玉のように立派で、一字一字が全体を含んでいるようなすばらしさです。『論語』に「五十歳になって『易経』を読めば、意味が理解しやすい」とありますが、私もこれになって四十歳を迎えて四十頌を読めば、またひとしおであろうと思います。夜を徹してくり返し読んでみて意味がよくわかりました。この文はなかなかわかりにくいので後進の若者たちのために説明を加えて百二十の礼に作りかえてみました。さらにこれを四角と円型の図にはめ込んで、加えて私が注釈を作りました。

願わくは一般の人々に、法身大日如来はよそにあらず自心の中にいますこと、さらに仏教の真理も、世間の真理も、悟りの目から見れば共に常住であり、さらに鳥やけものの声も、草木の風になびく音もみな法身仏の説法の声であること、そして弥陀の浄土も弥勒の浄土もすべて自身の胸中に存在していることに気付いて欲しいのです。

さて今の私の山中での生活を述べますと、さびしさをもよおす秋が過ぎて月日は経過してまいりました。天候は時には雨降り、時には晴れて、まるで綾をなすようです。風が吹けば木々の葉が琴の音のように響いたりあるいは止んだり、滝の水音は楽器のような音楽をかなで、木々がたおれる音も音楽のようにきこえます。お経の声、鐘の音が心持よくひびき、つたやかずらが垂れさがっているのはおどりの衣裳のようです。木々にたわむれる猿たちの足のさばきはおどりを見ているように見えます。曲った木の根っ子を敷物とし、松や柏の緑はごちそうのお膳と考え、一ぱいのお茶でもあればあたりを散歩するに十分であります。ああ、許由や慧遠が山にこもり自然にしたしんで、自然が与えてくれたものを享受して毎日を安楽に過ごせたのは、まさに堯帝の徳化の賜であり、その徳は山よりも高く海よりも深いのです。このおかげで慧遠は林泉に魅せられてついに山をおりず、許由も山中でなにもせずに過し、とうとう心を広く持って世のためにはたらこうという心に至らなかったのです。私も彼らと同様に、この山中の風景にかこまれて嬉しくて手の舞い足の踏むところも知れないほどなのです。次にいまの感慨を詩に述べます。

(切角の空海の詩作であるから原文、書き下し、そして最後に大意を述べる。加藤注)

黄葉索山野　黄葉山野に索(尽)く
蒼蒼豈始終　蒼蒼豈に始終あらんや
嗟余五八歳　嗟、余、五八の歳
長夜念円融　長夜に円融を念えり

浮雲何処出　浮雲何れの処より出づる
本是浄虚空　本これ浄虚空なり
欲談一心趣　一心の趣を談らんと欲れば
三曜朗天中　三曜天中に朗らかなり

〔解　説〕この詩の前半は、移り行く秋の景色と、変ることのない青空とを示して無明の長夜に円融の光明を求めつつ四十歳を迎えた感慨を誌し、後半では、自分で体得した悟りの境地を述べている。本来少しもけがれていない浄らかな虚空に、一体どこから迷いの雲が出るのであろうか。しかも青空を仰げば、太陽も月も星も、あのように輝いているのだ、と述べてわれわれの一心の中に本来輝いている仏の功徳を讃歎しているのである。

◇

この一文は空海伝を知る上で重要な資料となっている。しかしこの文章だけではこの問題は解決しない。つまり空海の生年が知れる資料なのである。この文中には年次の記載がない。しかし数え四十歳を迎えた空海が『文殊讃仏法身礼』をもとに方円図並に義注を作り、中寿の記念として四十名の友人に依頼して、四十頌の頭字を使って詩を作ってほしいと連絡したのである。その友人の一人が最澄（のちの伝教大師、日本天台宗の祖）であった。

弘仁四年十一月二十三日、最澄は空海に書簡を送り『理趣釈経』とともに「新撰の文殊讃法身礼方円図並びに義注」を借りたいと申し出たのである。これに対して空海は『理趣釈経』の貸し出しをはっきりと拒絶したが、その原因は、その年の九月に最澄が著作した『依憑天台集』を空海が目にしたためであり、これについては別稿にゆずりいまは触れない。この最澄の書簡は、空海四十歳を迎えた秋に自作の方円図並に義注に和して詩を作ってほしいという依頼に、最澄がその方円図を一度拝見したいというもので、これからして、空海かぞえ四十歳は弘仁四年（八一三）であることが確定し、そこから逆算すれば空海の生年は宝亀五年（七七四）になるのである。真言宗の内部の資料としては承和四年（八三七）空海入定後三年目の年に弟子の実慧が中国の青竜寺に宛てた空海の入定を報告した書簡、さらに空海二十四歳で著作した延暦十六年の『三教指帰』などはいずれも空海の生年は七七四年で一致していて問題が無いのである。しかしこの点については別稿に詳しく論じてあるのでそちらを参照して頂きたい。

さらにこの文中で注目すべきは、中寿を迎えた空海が、「世間では酒宴を催して祝うところだが、僧侶である私は、どうしたものか。言うまでも無い、心を整えて静かに仏前に坐り仏の恩徳に思いをはせるのが一番である」と言い切っている態度に、私たちはいまさらながら空海の変らぬ心情が読み取れて、さすが空海の感を新しくするものである。

## 五、筆を奉献する表（二三）

狸毛の筆四管。真書一、行書一、草書一、写書一。

右、伏して昨日の進止を奉わって、かつ筆生坂井名清川をして造り得て奉進せしむ。空海、海西において聴き見しところかくのごとし。その中に大小・長短・強柔・斉尖なるものは、字勢の麁細に随って摠べて取捨するのみ。毛を簡ぶの法、紙を纏うの要、墨を染めて蔵め用うること、ならびにみな伝え授け訖んぬ。空海自家にして試みに新作のものを看るに唐家に減らず。ただ恐らくは星の好み各別にして聖愛に允わざらんことを。自外の八分小書の様、蹋書臨書の式、いまだ作ることを見ずといえども、口授を具足することを得たり。謹んで清川に附して奉進す。不宣。謹んで進つる。

弘仁三年六月七日　沙門空海進つる。

## 五、〔口語訳〕筆を奉献する表

狸毛の筆四管、真書(今でいえば楷書)用一、行書用一、草書用一、写経用一、
右の筆四本は、昨日御下問をいただきましたが、筆作りの職人、坂井名の清川に作らせたものでございます。私こと空海が中国におきまして聴いたり見たりした所は次の通りでございます。その中で、筆の大小、長短、強柔、斉尖(穂先がそろっていたり、するどくとがっていたり)このうちのどれを用いるかは字勢の麁細(あらいかこまかいか)に応じて取捨するのがよいと存じます。穂の毛をえらぶ法、紙を巻いて作る法、また墨でかためて作る法など筆作りの一切のことは清川に伝えてございます。私(空海)はまず自分で清川の作った筆を使用してみましたら、唐製のものに少しも劣っておりません。とは申

せ、好みは各人各様でございますから、陛下のお好みにそいますかどうか心配でございます。このほかに八分とか小書を書く小筆の様式、蹋書や臨書を書く筆につきましては実際に見たことはございませんが、それらを作る方法は耳に覚えて参りました。以上謹んで清川を通じて奉進申し上げます。不宣、謹んで進ります。

弘仁三年六月七日、沙門空海進ります。

〈解　説〉この上表文は、日本の筆職人に空海が唐で見聞した筆の製法を教えその指導のもとで狸毛の筆、しかも国産の筆を作らせて嵯峨天皇に奉進した時のものである。嵯峨天皇は皇位に就く以前から空海と親交があったと伝えられる。その理由の第一は、嵯峨天皇も空海も、共に文芸に秀でており、わが国の文化を何とか高めて日本の評価を高めたいと願っていたことであり、第二の理由としては、両者とも書を書くことを好み、同時にすぐれた書道の腕を持っていたことである。平安初期に三筆とうたわれたのはこの両者と橘逸勢（たちばなのはやなり）との三名であった。したがって嵯峨天皇としては、中国製の筆に勝（まさ）るとも劣らない純国産の筆を得たことはこの上ない喜びであったと思う。空海が天皇にとり入りかたがうまかったとの後世の批評も見られるが、この両者のやりとりを想像するにつけても、なんとかして日本の文物を高い価値のものに押しあげて、唐の文化に負けないように志向していた嵯峨天皇と空海の志をかい間みることができて、嬉しく思えるのは私だけであろうか。

# 六、柑子（かんし）を献ずる表（二七）

沙門空海言（もう）す。乙訓寺（おとくにでら）に数株の柑橘（かんきつ）の樹あり。例に依りて交え摘（ひろ）うて取り来れり。数を問えば千に足れり。色を看れば金（こがね）のごとし。金は不変の物なり。千はこれ一聖の期なり。またこの菓は本西域（もとさいいき）より出（い）でたり。乍（たちま）ちに見て興あり。すなわち拙詞（せつし）に課して敢えてもつて奉上す。伏して乞（こ）う、天慈曲げて一覧を垂れたまえ。軽（かるがる）しく聖眼を黷（けが）す、伏して深く悚懼（しょうく）す。沙門空海、誠惶誠恐謹言。

詩七言。

桃李珍なりといえども寒に耐えずあに柑橘の霜に遇うて美なるに如（し）かんや

星のごとく玉のごとし黄金の質なり香味は簠簋に実つるに堪えつべし
太だ奇なる珍妙何より将ち来れる定めてこれ天上王母が里ならん
千年一聖の会を表すべし挙じ摘んで持って我が天子に献ず
小柑子六小櫃大柑子四小櫃
右、乙訓寺の所出、例に依って奉献す。謹んで寺主の僧願演を遣わして状に随って奉進せしむ。謹んで進つる。

## 六、〔口語訳〕柑子を献ずる表

沙門空海申し上げます。乙訓寺に数本の蜜柑の木がございまして、例年通り採り入れて献上の準備をいたしましたところ、約千個になりました。色は黄金のようで、金は何年たっても変らないことを意味し、千は千年にお一人の聖天子が現われたことを示しております。またこの果物は、もとは西域の原産といわれます（『西域記』による）。これを見て興をそそられましたので詩を作りました。私のまずい詩に添えて奏上いたします。伏してお願いいたしますが、陛下には慈しみのお心をもって御一覧下さいますように。御眼をけがして申しわけございません。どうぞよろしくお願い申し上げます。沙門空海より。

七言の詩

桃や李は貴重な果物ですが寒さには耐えられません。
柑橘類が霜に遇っても美しいのにはとてもかないません。
星のごとく玉のごとくしかも黄金の色をしております。
香りも味もすばらしく、御先祖さまにお供えするにふさわしいものです。
まことにめずらしくすばらしい物ですが一体どこから持ちきたったのでしょう。
恐らくこれは天上の仙人の里からもってきたものに違いありません。
まさにわが天子様は千年に一人の聖天子だということを示しております。

私はこれを摘んでわが天子様に献上いたします。
小柑子六箱、大柑子四箱
右は乙訓寺の所産で、毎年の如く今年も奉献いたします。つつしんで寺主の僧、願演を使者としおたよりを添えて奉進申し上げます。

**〔解説〕** 弘仁三年、空海は三十九歳を迎えた。この年には乙訓寺の別当として赴任していたが秋になり境内の蜜柑を採り入れて例年通りこれを朝廷に献上したのである。その際に空海が添えた上進の書簡と詩一首がこの文である。当時はまだ蜜柑というものが珍しかったのであろうか。しかし空海の最も得意とする機智に富んだ詩が添えられて、この献上は例年になく意味深いものになったと思う。

ちなみに乙訓寺は昔どおりの場所（現在は京都府長岡京市）にあり、庭には蜜柑の大木がある。この空海の文を知る人には往時を偲べるよすがになるかも知れない。

# 七、元興寺の僧中璟が罪を赦されんことを請う表（二九）

沙門空海言す。空海聞く、刑を緩うするの文顕われて前書に在り。責を宥むるの言曩策に聞えたり。これをもって草纓艾韠美を垂拱の年に揚げ、赭衣畫冠、誉を無為の日に流す。伏して惟みれば、皇帝陛下、慈み春の風に過ぎ、恵み夏の雨に踰えたり。至孝の名、潜竜の夕に騰り、弘仁の号御鳳の朝に播す。天地感応して風雨違わず。四海康哉にして百穀豊稔なり。それ鄧林の幹の中にはかならず枯れたる技あり。無為の化の下に桎枷なきにあらず。伊祁の子、聖考に肖ず。瞿曇の息、覚父に似ず。金石薫蕕は物の対なり。賢聖愚頑何ぞ能く相離れん。

伏して見れば、元興寺の僧伝燈法師位中璟は戒行を護らず、国典を慎まず、身、堀川に役すべし。竊かにその罪過を尋ぬればすなわち死しても余りの辜あり。その犯贓を論ずればすなわち砕きてもなお未だ飽かず。ただ一己の身を亡し、名を喪うのみにあらず。抑々また仏法を汚穢し、王制を違越す。「下愚は移らず」というは蓋しこの謂いか。

春生し秋殺するは天道の理なり。罪を罰し功を賞するのは王者の常なり。しかりといえども、冬天に暖景なくんばすなわち梅麦何をもってか華を生ぜん。法を守りて盗を賞せずんばすなわち秦人何をもってか美を流さん。いわんやまた、大樹仙人、迹を曲城に廻らし、慶喜道者、悩を鄧家に被る。往古の賢人なおまた未だ免れず。濁世の凡夫あに愆なきことを得んや。過を恕して新ならしむるこれを寛大といい、罪を宥めて贓を納るこれを含弘と称す。苦を見て悲を起すは観音の用心、危きを視て身を忘るるは仁人の務むるところなり。

伏して乞う、陛下、網を解いて辜に泣き、纓を絶って讎に報いたまえ。秦の政がかならず罪するを去けて、周成の刑を措くことを取りたまえ。さらに天下と与んじて新ならしめよ。しかればすなわち木石も恩を知り、人鬼も感激せん。空海この事を聞きしより腹廻り、魂飛ぶ。口に食味を忘れ、心安禅ならず。明かに知んぬ、身賤うしては言行われず。口開きては災禍入るということを。しかりといえども身をもって物に代うるに任えず。軽しく威厳を黷す、伏して深く戦越す。沙門空海誠惶誠恐謹言。

弘仁五年閏七月二十六日　某上表

## 七、〈口語訳〉元興寺の僧、中璟が罪を赦されんことを請う表

沙門空海申し上げます。空海が知るところによりますと、刑罰を軽くしたり

獄衣）を着せただけで、罪を許した話が古くから書物に載っております。草纓（青色の布で作った衣、獄衣）艾韠（青白色のひざかけ、これも堯舜の時代の獄衣）を着せただけで、罰を与えず、そのために天下がよく治まり、後世にまでその美風がほめたたえられております。また赭衣（秦時代の赤色の獄衣）畫冠（罪人の冠に罪名を書いたもの）をつけさせただけで、重い罰を与えずに天下が治ったという誉がこれ又後世にまで伝えられております。伏して思いますには、陛下におかせられては、慈みのお心は春風のごとく、恵み深きことは夏の慈雨のごとく存じております。陛下がいまだ皇太子であらせられた頃から先帝に孝養を尽くされ、また御即位され弘仁の元号をつけられたのはまさに仁を弘むという名の通り仁政を行われ、天もその事を感じられ雨風も順調、四海泰平、百穀豊かに実り、国内は安定して参りました。しかしながら、鄧林の如き大森林の中には必ず枯枝が生じますように、泰平の御代にあっても中には必ず罪を犯す者が生ずるのはやむを得ないことでございます。かの堯帝の子（丹朱）は不肖にして父帝の期待に答えられませんでしたし、釈尊（ゴータマ）の子息も父上の如き立派な仏陀になることができませんでした。それと同様に金と石ころ、香草と臭草とは同時に存在しております。人間も賢聖なる人と愚頓なる人とはあい対するごとく存在するのはやむを得ない現実でございます。

さて元興寺の僧、伝燈法師、中環のことでございますが、戒行を護らず、国法を守り切れず罪を犯してしまいました。まさに徴役を課して川底を掘らしめるべきものであります。

中環の犯した罪は死して余りあるもので、その犯行はその身を砕いても足らざるほどの悪行でございます。その罪は単に中環一個人が身を亡ぼし名を失うだけでなく、仏法を汚し国法に違反することになるのです。かの『論語』に「下愚は移らず」といって最も愚かな者は教化しても良くはならない、どうしようもない、としておりますが、これは中環のような者のことを言うのでありましょう。さて、春に生じ秋に散るのは天下の道理であり、定まった法によって罪を処罰し、功績のあった者を賞するというのは王者の常道であります。しかしながら、冬の季節にも暖い日が無ければどうして梅がほころび麦が芽を出すことができましょう。秦の繆公がその馬を盗んだ男を罰しないどころか酒を与えて許し、その男が後に繆公を助けたという故事がございますが、もし規則通りに処罰していればこうした美談も残っていないでありましょう。いわんや、大樹仙人のような行いのすぐれた人でも曲女城の王宮の美女を見て迷いを生じたり、阿難尊者のような人でも摩登伽女という女性に誘惑されたのです。昔からいかなる賢人だとて女性には迷うのであります。まして濁世である現在において凡夫である人間があやまちを犯さないとはいえません。過ちを恕して更生させるのを寛大（ひろやかな大きな心）といって人はたたえ、不正をはたらいた人を事情を十分に調べ承知して許すことを含弘（すべてを大きく包み、化して光あらしめる）といって高く評価されるのです。人が苦しんでいるのを見て救ってやろうという心を起すのは、観音さまのお心そのものですし、人が危難に会っているのを見て、自分の危険をかえりみずに救ってやることこそ仁の心の厚い人といわれるのであります。

伏してお願い申し上げます。殷の湯王が三方の網をはずし一方の網だけにかかった鳥を捕(と)ったという故事、徳が動物にまで及んだといわれるお心で、また禹(う)王が罪人を見て自分の徳が至らなかったとなげいた心で、あるいは楚(そ)の荘王が家来と酒宴を催した時、あかりが消え、その時に王の侍女の衣のすそを引いてさそった者がいた、女性はその男の冠のひもを切り、王にこれを告げた、しかし王はその男をはずかしめないように、そこにいた家来のすべての冠のひもを切らせた、という故事のお心で、あだに報ずるに恩を示して頂きたいのでございます。秦の始皇帝は罪人にすべて死をあたえたといいますが、そういう政(まつりごと)はやめて、周の成康のように四十年間の在位中に一度も死刑をおこなわなかったようになさって下さい。これによって天下はさらに泰平となり、木石(ぼくせき)すら陛下(へいか)の御恩を感じるでありましょうし人間はもとより鬼神(きじん)すら感激するでありましょう。

私、空海はこの中璟の一件を耳にいたしましてからは非常に悩み、心が落ち着かない毎日でございます。食事も喉(のど)を通らず、心は安らかならぬ日々でございます。とるに足らない私などの申し上げることはお取り上げ下さらぬこと、さらに私などの発言はかえって災いのもとになろうことは、よくわきまえております。しかしながら私が中璟にかわって苦を受けるような心持ちでありますので、おそれ多くも陛下のお耳をけがし御心を患わせまして申しわけなく、恐れおののいている次第です。

沙門空海、深く深く謹み申し上げます。

弘仁五年閏七月二十六日　空海上表

**〔解　説〕** 元興寺は奈良市の古刹で現存しているが、規模は小さくなっている。南都七大寺の一つで、かつては法相宗であったろうが現在は真言に属している。当時の空海が奈良仏教の中璟のために命請をするのにはどういう背景があったかは知れないが、空海がこれほど力を入れた上表文を提出しているところからも、空海と奈良仏教のつながりのつよいことが十分にうかがえるし、逆に空海が奈良の仏教々団から信頼されていく様子がしのばれる。

中璟の罪は、上表文の中味からも知れるように女犯の罪であるらしい。その内容まではわからないが、かなり重い罰則が課せられていたようである。

この文について特筆すべきことは、ここに空海の、法律適用への要望が込められていることである。

空海の前半生をふりかえってみると、二つの法律違反が挙げられる。第一の違反は切角入学した大学を勝手に中退してしまったことである。当時の大学は国家で一校だけ都にあり、父親の官位が高くないと入学できなかった。つまり国の唯一の官吏養成機関で、その内容は儒教を中心に国に忠、親に孝を旨とし、主に中国の古典の暗記が中心であった。これを訓古というが、十八歳で入学した空海はこうした教育内容は、立身出世のための学問に過ぎないと思い、次第に人生の帰趨というものにあこがれるようになり、中退して仏道修行に入ってしまう。大学を卒業してからは高級官吏として天皇をたすけ、同時に親孝行もできるというのであるが、それを中退したことは、大不忠者、大不孝者のレッテルを貼られることになる。親戚知己からさんざん叱責され思い直すように諭された空海は、二十四歳に至って『三教指帰』を著作し、その中で、いまは忠孝を行うことはできないが、将来、必ず大忠大孝をおこなって期待に応えたいと明言するのである。そして多くの例を挙げ、仏道に入ることは決して不忠不孝ではないことを主張するのである。

第二の違反は、三十一歳で入唐し、二十年の予定で中国にわたるが、師の真言僧恵果和尚が授法したのちに遷化され、その遺命によって足かけ三年で帰国してしまったことである。留学生が勝手に期間を縮めて帰国するのは、闕期の罪といい厳罰を受けるのだが、空海は師の遺命を優先してしまった。案の定この事実は空海に反対する人々からはその後長く法律違反のそしりを受け続けた。それについては、五十七歳で著作した『秘蔵宝鑰』中巻の「十四問答」といわれる部分で、国家が法律を適用する時には、内容を十分に検討し調べた上で処分して欲しいことを要求しているのである。

大学を中退したことも、留学の期間を縮めたことも、空海にとって、悪いことをしたとは絶対に思えなかった。しかし規則の文言には違反している、といわれる。法律や規則の適用については、内容次第であることを、空海は自分の体験から、常に考え続けていたのである。

さて中璟の罪がどのようなものか知れないにしても、この上表文から読み取れる空海の気持は、中璟の罪は軽くしてやってもおかしくないと考えていたと思われる。もっと悪いことをしたならば、仕方がない、しかし中璟の行為は命がかかるようなものではない。僧侶に対する女犯の罪が、奈良時代からの朝廷の反省もあって少々重すぎることもあったのかも知れない。

この上表文を出したことによって、中璟がどうなったかはわからない。しかし奈良仏教と空海との絆は、一層深い堅いものになっていったに違いないのである。

最後に一言すれば、文中の、「寒い冬の季節にもたまに暖い日が無ければ、どうして梅がつぼみを持ったり麦の芽が生えてきましょうか」の一段は、刑に服している人々が更生するためには極めて重要な考え方であり、私たちも現在常に心すべきである。空海は罪に服する必要が無い、と言っているのではない。罪に服しているだけでは更生は実現しないと言っているのである。教誡制度のあり方を考える上で大変重要だと思う。「冬天の暖景」になるものは一体何であろうか。「梅麦が寒中に華を生ずる」ためには何が必要なのであろうか。空海のことばを参考に、人の心の深層にまで立ちいってみる必要がある。

# 八、小僧都を辞する表（三一）

沙門空海言す。去し月の十七日、面り進止を奉つて空海を小僧都に任す。殊私曲げて被らしめて忻悚交并せたり。空海誠歓誠懼す。

空海聞く、良工の材を用うる、その木を屈せずして廈を構う。聖君の人を使う、その性を奪わずして所を得しむ。この故に曲直用に中つて損ずることなく、賢愚器に随つて績あり。名匠の誉これによつて顕われ、能官の詠ここにおいて興る。

空海弱冠より知命におよぶまで、山藪を宅とし、禅黙を心とす。人事を経ず、煩砕に耐えず。しかるに今斗筲の才をもつて謬つて法綱に処り、鉛刀の質をもつて叨りに僧統に居らば、必ず手を傷るの謗りを致して遂に二利の益なからん。あにしかんや、香を焼き、仏を念じて形を一室に老い、華を散じ、経を講じて心を三密に運し、国恩を枯木に報じ、冒地を死に求めんには。これをもつて政とせば、それ奚をか為とせん。

伏して惟みれば、皇帝陛下、道常の道よりも高く、徳上徳に過ぎたり。納隍を万生に軫み、一物の所を失わんことを憂いたもう。伏して望むらくは、天、人の願に従つて責めずして性に任せば、すなわち昼夜に真言を誦じて塵滴を聖化に添え、日夕に金仙を礼して宝寿を山嶽に延べん。愚凡の至に任えず。謹んで奉表陳辞以聞す。軽しく威厳を黷す。伏して深く悚汗す。沙門空海誠惶誠恐謹言。(天長元年四月六日伝灯大法師位名上表)

## 八、〔口語訳〕小僧都を辞する表

沙門空海申し上げます。先月十七日付、直接に勅書を頂戴(ちょうだい)し、空海を小僧都(当時は僧侶(そうりょ)の階級だけでなく官位の意味も含んでいた。いわば官名である)に任(にん)命して頂きました。私だけが特に待遇(たいぐう)して頂き、うれしさとはずかしさで一ぱいでございます。私、空海は喜びかつ恐れております。

空海は、このように聞いております。腕の良い大工というものは、材木を用いる場合、用材を無理に形を変えることなく用いて家を建てると申します(曲った木は曲ったなりに、真っすぐの木は真っすぐなりに用いる)。それと同様に賢明(けんめい)なる天子様は役人を使う際に、その人間の性質を無理に変えずに、それぞれの性格を生かしながら働かせるのです。そうすれば、家を建てる際もそれぞれの用材が生かされて損害が無く、官吏(かんり)の場合も賢人も愚人もそれぞれ特色を出して良い結果を生むと申します。そうなりますと、名工(めいこう)の評価はますます高くなり、役人ならば良い役人だと一層たたえられるでありましょう。私こと空海は、二十歳(弱冠)より五十歳(知名(ちめい)、天命を知る)になりますまで、山林に住み、もっぱら禅定(ぜんじょう)に心を置くような生活をして参りました。世の中のことには全く経験が無く（世事にうとい）そうしたことにたずさわることは煩わしくさえ思えてとてもたえられません。しかし、取るに足らない才能の私が、間違って僧綱（僧侶や寺院を取締る役職）に就いてしまいますと、素質の無い者が僧都の役につくことになり、下手な職工がかえって自分の手を傷つけるそしりを招きかねません。それでは私自身のためにも、他人のためにもならないでありましょう。したがって私といたしましては、ひたすら香を焚き、仏陀を思念しながら室内で年をすごし、ある時は散華しある時は経典を講義して、心を集中して仏の三密（身・口・意の行動）に近づけるよう努力し、年老いた身でありますが国の恩に報じる気持を持ちつづけ、悟りを求めつつ静かに死を迎えることこそ目的とするところでございまして、ほかに何も求めることはございません。

伏して思いますに、陛下の歩まれる道は世間で高いといわれる道よりはるかに高くあらせられ、そのお徳は世間の至徳の人よりはるかに高徳であらせられます。つねに、人民がせまい溝に落ちて苦んでいないかを気づかい、人民が一人でも苦んでいないかを心配下さっておられるのです。できますれば陛下が、私の願いを責めずにお聞き届け下さって、自由にさせて頂きたいのでございます。そうなれば私は一日中、真言をおとなえし、わずかな功徳ではありますが陛下の徳の高い御指導へお供えさせて頂き、絶えずに仏陀を礼拝して、陛下の御寿命が山のごとく長久になるようにお祈りしたいと存じます。愚かで迷いの多い私の願いを申し上げるなど恐縮のかぎりでございますが、つつしんで上表して職をご辞退申し上げます。軽がるしく陛下にこのようなことを申し、御心をわずらわせて冷や汗をかく思いでございます。沙門空海おそれ謹んで申し上げます。天長元年四月六日伝燈大法師位の空海の上表でございます。

〔解　説〕小僧都という官職に就いて僧侶の取締の仕事をするなどということは、自分の性格に合致しない、人にはそれぞれ向き不向きがあるのだ、という空海の辞退の願いは聞き届けられなかったかも知れない。この上表は天長元年であるから、空海五十一歳のことである。これから七年後の天長八年（空海五十八歳）に大僧都空海が身体の調子が悪いので大僧都を辞したいと願い出ている。これから見ればこの間に小僧都から大僧都に昇っていたことになるからである。

さてこの上表文を提出した空海五十一歳の三年前、空海は体調をくずしたと考えられる。すなわち四十八歳の秋と思われるが、空海は親しい二人の宰相に書簡を送り、弟子たちの将来と密教の流布を依頼し、国家からの厚遇を辞退し、弟子を育てるわずらわしさから解放されてひたすら禅念したい、と伝えている。この書簡には、平素の空海とは違った強い無常観が示されているのが目を引く。そうした状況をやがて脱して翌四十九歳には平城上皇が空海に従って入壇灌頂を受け、真言の弟子となる。さらにこの年の六月四日には最澄（のちの伝教大師）が入滅し、空海はまさに仏教界を一人で背負うかたちとなる。そして五十歳の正月、東寺を空海に下賜され、翌五十一歳の三月十七日付で小僧都に任ぜられ、四月六日付でこれを辞する上表文を書くのである。病は乗り越えたものの、親しい友人でもあった最澄にも先立たれ、さらに密教の弘通など多忙をきわめていた空海にとって、公職に就き続けることは苦痛であったのであろう。文中には空海の切実な思いが示されていて、読む者の胸を打つのである。

## 九、大徳如宝のために恩賜の招提の封戸を奉謝する表（三三）

沙門如宝言す。伏して招提寺の封戸伍十烟を恩施することを蒙る。如宝、師に随つて遠く聖朝に投つて今に六十年。徳行取りどころなく、才能聞えずというといえども、先師の余慶聖朝の泰沢に頼つて、積恩累畳して積んで年歳あり。

伏して惟みれば、皇帝陛下、仁、両儀に過ぎ、道、貫三に隆りなり。かの福田を顧みてこの封戸を捨つ。四衆万民感悦せずということなし。いわんや如宝においておや、手足を知らず、謹んで闕に詣でて奉表陳謝以聞す。

沙門如宝誠惟誠喜謹言。

## 九、〔口語訳〕大徳如宝のために恩賜の招提の封戸を奉謝する表

沙門、如宝が申し上げます。このたびかたじけなくも唐招提寺に封戸五十戸を施して下さいました。私、如宝は、師匠の鑑真に随行してはるばるこの日本国にやって参りましてすでに六十年になります。特別な徳を身につけているわけでもなく、才能があるわけでもありませんが、先師である鑑真和上のおかげと朝廷の恩恵を頂き何年にもなります。

伏して考えますに、嵯峨天皇のご仁徳は天地のごとく広大で、陛下の大道は今上陛下においてまことに隆盛でございます（道貫三に隆りなり、三の字を縦に貫けば王になる）。このたびの福田に価する施しは、すべての関係者の大いに喜びとするところでございますし、もちろん私、如宝にとりましても嬉しい限りでございます。手の舞い、足の踏むところを知らないほどです。謹んで宮中に参内してお礼を申し上げる者でございます。沙門、如宝、かしこまって申し上げます。

〔解説〕奈良時代のはじめに渡航してくれた鑑真和上の随行として、共に来日した青年僧が如宝であった。彼は師の鑑真和上が遷化された後継者として唐招提寺の住職となった。空海は如宝についてなにくれとなくめんどうを見たりアドバイスをしており、如宝も空海には心を許して親しくしていたのである。彼の姓名は安如宝というところを見ると出身は中国の西方諸国（ペルシャなど）であったかも知れない。となれば青い目の僧侶であった可能性が高い。偉丈夫であったというから当時の日本ではずいぶんめずらしがられもしたろう。自国を離れ、遠い日本の土地で、たよりの鑑真和上亡きあと、さぞさびしい思いもしたことであろう。そうした如宝にとって、国際派の空海との好友は大切なものであったに違いない。詳しくはわからないが仮りに二十歳ごろ来日し、その後六十年間の滞在の後に弘仁六年正月に遷化しているので八十歳を超える生涯であったと思われる。

これは如宝が朝廷から封戸五十戸を恩賜された時に、空海が如宝から依頼されて感謝の上表文を代筆したものである。いかにも空海らしい名文になっている。如宝のような異国の僧にとって一番厄介な朝廷への挨拶を、空海に気軽に頼むことができ、一方空海も気軽に引き受けているのもほほえましい。

このほか『高野雑筆集』にも如宝宛に空海が出した書簡がある。その内容は次のようである。

「馳仰の次で、音札を枉らる。深く下情を慰む。秒秋夜冷やかなり。惟みるに法体珍和なりや」（あなたのもとへ馳せ参じてお会いしたいと思っていた矢先におたよりを頂き、私の心は深く休まりました。九月になって夜などだいぶ冷えてきましたが、お変りありませんか）と書き出して、自分は高雄に入ってから多忙で、依頼されていた書を書くひまがなくそのままになってしまいました。催促のおたよりを見てまことに申しわけなく、後日かならずお届けいたします。決してなまけていたのではないのでお許し下さい云々と続く。これを見ても二人の親しい間柄がわかるであろう。

『日本後記』には如宝について「大国の風あり、よく一代の壇師に堪うる者なり」と記されている（壇師とは戒壇上で戒を授ける師の意）。

# 一〇、大使福州の観察使に与うるがための書（三八）

賀能啓す。高山澹黙なれども禽獣労を告げずして投り帰き、深水言わざれども魚竜倦むことを憚らずして逐い赴く。かるがゆえによく西羌険しきに梯して垂衣の君に貢し、南裔深きに航して刑厝の帝に献ず。誠にこれ明らかに艱難の、身を亡すことを知れども、しかれどもなお命を徳化の遠く及ぶに忘るるものなり。

伏して惟みれば大唐の聖朝、霜露の均しき攸、皇王よろしく宅とすべし。明王武を継ぎ、聖帝重ねて興る。九野を掩頓し、八紘を牢籠す。ここをもつてわが日本国、つねに風雨の和順なるを見て定んで知んぬ、中国に聖有すことを。巨倫を蒼嶺に刳めて、皇華を丹墀に摘む。蓬萊の琛を執り、崑岳の玉を献ず。昔より起つて今に迄るまで相続いて絶えず。
かるがゆえに今わが国主、先祖の貽謀を顧みて、今帝の徳化を慕う。謹んで太政官右大弁正三品兼行越前国の太守藤原朝臣賀能等を差して使に充てて国信別貢等の物を奉献す。

賀能等、身を忘れて命を銜み、死を冒して海に入る。すでに本涯を辞して中途に及ぶ比に、暴雨、帆を穿ち、戕風柁を折る。高波漢に沃ぎ、短舟裔裔たり。凱風朝に扇げば、肝を耽羅の狼心に摧き、北気夕に発れば、膽を留求の虎性に失う。猛風に頻蹙して葬を鼈口に待ち、驚汰に攢眉して宅を鯨腹に占む。浪に随つて昇沈し、風に任せて南北す。ただ天水の碧色のみを見る。あに山谷の白霧を視んや。波上に掣掣たること二月有余、水尽き人疲れて海長く陸遠し。虚を飛ぶに翼脱け、水を泳ぐに鰭殺れたるも、何ぞ喩とするに足らんや。

僅かに八月の初日に、乍に雲峯を見て欣悦極りなし。赤子の母を得たるに過ぎ、旱苗の霖に遇えるに越えたり。賀能等、万たび死波を冒して、再び生日を見る。これすなわち聖徳の致すところにしてわが力のよくするところにあらず。

また、大唐の日本に遇すること、八狄雲のごとくに会うて高台に膝歩し、七戎霧のごとくに合って魏闕に稽顙すと云うといえども、しかもわが国の使においては、殊私曲げ成して待するに上客をもってす。面り竜顔に対してみずから鸞綸を承る。佳問栄寵すでに望の外に過ぎたり。かの瑣瑣たる諸蕃とあに同日にして論ずべけんや。また、竹符銅契はもと奸詐に備う。世淳く、人質なるときは文契何ぞ用いん。このゆえにわが国淳樸より已降、常に好隣を事とす。献ずるところの信物印書を用いず、遣するところの使人奸偽あることなし。その風を相襲いで今に尽ることなし。

しかのみならず、使乎の人は必ず腹心を択ぶ。任するに腹心をもってすれば、何ぞ更に契を用いん。載籍の伝うるところ東方に国あり、その人懇直にして礼義の郷、君子の国というは蓋しこれがためか。

しかるに今、州使責むるに文書をもってし、かの腹心を疑う。船の上を撿括して公私を計え数う。これすなわち理、法令に合い、事、道理を得たり。官吏の道、実にこれしかるべし。

しかりといえども、遠人たちまちに致って途に触れて憂多し。海中の愁なお胸臆に委れり。徳酒の味いまだ心腹に飽かず。率然たる禁制、手足厝きどころなし。

また建中以往の入朝の使の船は直に楊蘇に着いて漂蕩の苦しみなし。州県の諸司慰労すること慇懃なり。左右、使に任せて船の物を撿べず。今はすなわち事、昔と異なり、遇すること望と疎かなり。底下の愚人竊かに驚恨を懐く。

伏して願わくは遠きを柔くるの恵を垂れ、隣を好するの義を顧りみて、その習俗を縦にして常の風を怪しまざれ。しからばすなわち、涓涓たる百蛮、流水と与んじて舜海に朝宗し、喁喁たる万服、葵藿と将んじてもって堯日に引領せん。風に順う人は甘心して逼湊し、腥きを逐う蟻は意に悦んで駢羅たらん。今、常習の小願に任えず。奉啓不宣。謹んで言す。

## 一〇、〔口語訳〕大使福州の観察使に与うるがための書

賀能（藤原葛野麿の中国風の呼び名という）申し上げます。高い山は静かで語らないが、鳥や獣たちは苦労だとも言わずに集まって参りますし、深い水は何も語らないのに、魚や竜は少しも倦きずにやって来ます。これと同様に西方

の異民族の人々はけわしい山道を苦労して中国の天子様に貢物を持ってお目通りしますし、南方の国々からは深い海をわたって立派なる天子様に贈物を献上するのです（刑厝とは刑法があるのにそれを用いる必要が無いほど国が良くおさまっている立派な天子の意）。まことに彼らは苦しい道を通って身の危険を知りながら命を棄てる覚悟で、天子様の徳を慕ってやって来るのです。伏して思いますに大唐の天子様の治めておられる御代は、霜や露が適度に降りて恵まれた土地でありますし、そこに宮殿を造られて住まわれているのはめでたいかぎりであります。そして賢明な天子様が次々にあとを継がれ、すぐれた方が次々に出られ、その威徳は天をおおいつくし八方にまで行きわたっておられます。そこで私ども日本でも天候に恵まれて天下が泰平でありますのは、きっと中国に立派な天子様がおられるからであろうと思い、とてつもなく大きな木を材料に用い、高山にたとえるほど大きなのみで船を作り、唐の朝廷に使者を送ったのです（天子の命をうけて使者の任務を果たすのは、花が枝の高低によってその色を変えない、という故事から「皇華を丹墀に摘む」）。そして数々の貢物を持って訪れ、この制度は、わが国の昔より続いていることなのです。

　こうした理由からわが日本の国王は、先祖から伝えられた計画（遣唐使派遣）を考慮して唐の徳宗皇帝に使いを派遣されたのです。謹んで太政官、右の大弁、正三品兼行、越前国の太守、藤原朝臣、賀能を使者とし、恒例のご挨拶及び臨時の貢物をお届けに参ったのでございます。私（賀能）たちは身の危険もかえりみずに、天皇の命にしたがって、死をも覚悟して海を渡って参りました。日本を離れての途中で暴風にあい帆は破れ柁も折れ、ひどい高波に見舞われ、舟は木の葉のように舞うようでした。南風が吹けば狼のように乱暴な耽羅島に流れ着かないかと心配し、北風が吹けば虎のように恐ろしい留求島に着きはしないかと心配いたしました。強風に顔をしかめて大亀の餌食にならないかと心配し、はげしい高波にまゆをひそめて鯨にのまれはしないかと心を痛めました。波の間に間に流されただよい、風の間に間に流され流され、ただ空と海を見るだけでした。山や谷にかかる霧などにも目にすることはできませんでした。波にただようこと二ヶ月あまり、飲み水もなく、人々も疲労して、海ばかりで陸に着けませんでした。まるで空を飛ぶ鳥がつばさが抜け落ち、海をおよぐ魚がひれをそがれたのと全く同じことでございました。

八月の一日になってようやく突然に雲のかかった山（陸地）が目に入り、その喜びは大変なものでした。迷子の子供が母親に出会った時以上に、日照りの田の苗が雨にあった以上の喜びでした。賀能たち一行は大波による死ぬほどの危険をへて再び生きかえった気持でございました。これはまさに唐皇帝陛下のご威徳のおかげでございまして、私どもの力ではどうすることもできませんでした。

また、これまでは大唐の朝廷がわが日本への所遇は、中国北方の八種の異民族、また西方の七種の異民族など多数の国々が唐朝廷にかしずく中で日本の使者は特別に丁重にあつかわれ大切な客としてもてなされております。陛下に直接会って頂き、おことばも頂いております。陛下からの直接の御下問があったり暖い御慰労を賜わったりして望外の喜びでございます。かの小さな異民族の人々とは、とうてい比べものになりません。また竹符とか銅契（割符、ここでは本国からの勅書を意味する）などの証明などは、にせの使者に備えるものですが、世の中がおだやかで素直な時代には、割符のようなものは、なんでいりましょう。このゆえに我国では人情厚くいつわりのないところから隣国とは友交関係にございます。でありますから役割を証明するような物とか、天皇の印を押した書類などは用いておりません。遣唐使として使わされる使者もいつわりの無い者ばかりです。この風習はいまも変ることなく続いております。それだけでなく、使者には必ず最も近しい家臣を任命いたします。腹心の人を使者にすれば、何でさらに証明書などいりましょう。中国の書物にも、東方に国あり、その国の人々は人柄がやさしくすなおで礼儀に厚い。（日本が）君子の国といわれているのはそのためでありましょう。

しかしながら福建省のお役人は、遣唐使を証明する書類が無いということを追及されました。そして私たちが日本国天皇の近しい臣であることを疑っておられます。船の中を検査して公私の物を調べております。もちろんこのことは法律にかなった当然のことではあります。役人としては正しい行為に違いありません。しかしながらはるばる参りました私どもといたしましては、法令違反の密入国者と疑われて途方にくれております。あの暴風の際の心労がまだ心に残ってもいるところです。皇帝陛下の温徳を頂ければと存じます。突然の御禁制の処置にあって茫然としている次第です。

また（徳宗皇帝の）建中年間になってからは中国を訪れる船は直接揚州や蘇州に入港して漂流の苦しみは無いのです。州県のお役人も丁重に取り扱い慰労してくれ、こちらの使節に任せて自由にさせてくれて、船の荷物などしらべることはございません。今は当時と少し違っておりまして待遇も私たちが期待しているようではございません。愚かな私どもは待遇の悪さにおどろき、おうらみ申し上げております。

伏してお願い申し上げますが、遠い国から来た者たちをやわらげ、なつけるお心をお恵み下さいまして、また隣国との友好の意味をお考え下さって、日本人の習俗を御理解下さり、日本人の平素の風習をあやしまないで頂きたいのです。そうして頂ければ、とるに足らない小さな異民族の国々と一緒にわが日本国も舜時代のようなよく治まっている唐の朝廷に貢物を持って御挨拶に訪れましょう。多くの国々が唐の皇帝陛下を仰いで帰服し、丁度日まわりがいつも太陽に向いているように、名声の高い堯帝のごとき唐朝廷に首をのばして拝謁にうかがうことでしょう。徳の風に順う人々が満足して集まりましょうし、なまぐさき臭いに蟻が集まるように人々は行列を作って集まることでありましょう。私どものこのささやかなお願いをどうかお聞きとり下さい。奉啓不宣（手紙の終りのことば、敬具）謹んで申し上げます。

〔解説〕　空海が同行した遣唐大使は藤原葛野麿であり、彼は延暦二十年八月に大使に任命され、二十二年一旦渡航を試みたが成功せず翌二十三年朝廷から送行の儀を受け四月十四日難波津のはとばから船に乗り十六日に出発している。そして『御請来目録』には「六月入唐す」とある。その後肥前松浦郡田浦に集結し、延暦二十三年七月六日、四船が同時に出港した。しかし翌七日戌の刻（午後八時）暴風に遇い第三船と第四船は「すでに火信に応ぜず」恐らく沈没してしまったのであろう。当時の航海術は極めて幼稚で、風の様子を見て出航するが帆船であるから風が無ければ進まず、強すぎれば難破したり引きかえしたりした。したがって、遣唐使にしても留学生にしても、ほとんど死を覚悟しての渡航であった。そして第一船に大使と空海が乗り合わせ、第二船に副使と最澄が乗り合わせており、その二船のみがばらばらに、かろうじて中国に着岸できたのであった。これが歴史上の不思議さである。平安初期の仏教界を荷う二名の僧侶が命びろいをして、無事に帰国できたのである。この二人が無事でなかったとしたら、わが国のその後の宗教の事情もだいぶ違ったものになっていたと思われるのである。

さてこの文中にもあるように、空海の乗った第一船は荒波にほんろうされ流され三十四日の後に中国の福州長溪県赤岸鎮の己南の海口に到着することができた。しかし福州刺使は病気のため辞任し、後任がまだ来ていない。ここから上陸して福州に続く路は厳しく困難だということで船を廻して南の福州に着いた。ところが福州の役人は葛野麿が日本国の遣唐大使であることを信用せず、再三にわたって書簡を出しても天皇の親書が無いということで疑いを解かず、船中を検査し封印し、一行を下船させ、砂上にいるよう命じた。そこで葛野麿は、空海が文章にすぐれているのを知っていたので空海に書状の代筆を依頼した。ここで空海が書いたものがこの一文なのである。空海のこの書面を見て一行に対する扱いはすっかり変った。空海の力強い筆跡と格調高い文章は中国の役人の心を変えたのである。そしてこの書状は空海の学力を唐の朝廷に認めさせる結果も生んだ。福州の新任の観察使は、早速、長安に使いを出し、指示を仰いだが、その時に空海の書状も当然添付して届けた筈である。そして朝廷でこの書状を見た中に、内供奉だった恵果和尚もいて、日本からの遣唐使の中に優秀な青年がいて、書も文章もすばらしい、しかもその青年が密教を学びたいと願っていることも知ったのである。翌年の六月に空海が青竜寺を訪れてはじめて会った際に恵果が笑顔で空海を迎え、「よく来た、よく来た、私はあなたが来るのを以前から待っていたのだ」と言ってくれた理由がここにあると思う。それとは知らぬ空海が、和尚のことばを聞いて、不思議に思いながらも大いに感激したであろうことは想像されるし、その時の気持は『御請来目録』にも、ある程度報告として書かれてある。

そしてこの書状は『三教指帰』を著わした二十四歳以来残存するはじめての文章なのである。この時の空海は三十一歳である。

# 一一、福州の観察使に与えて入京する啓（三九）

日本国留学の沙門空海啓(もう)す。空海才能聞こえず、言行取りどころなし。ただ雪中に肱(ひじ)を枕とし、雲峯に菜を喫(くら)うことをのみ知れり。時に人に乏しきに逢って留学の末に簉(まじ)われり。限るに廿年をもってし、尋ぬるに一乗をもってす。任重く人弱くして夙夜(しゅくや)に陰を惜む。

今使に随って入京することを許されざることを承(うけたまわ)る。理、須らく左右すべし。更に、求むるところなけん。しかりといえども居諸(きょしょ)駐(とど)まらず、歳われと与(とも)ならず。何ぞ厚く国家の馮(あつらえ)を荷って空しく矢のごとくなるの序を擲(なげう)つことを得んや。このゆえにこの留滞を歎いて早く京に達せんことを貪(むさぼ)る。

伏して惟みれば中丞閣下、徳、天心に簡ばれ、仁、遠近に普し。老弱袖を連ねて徳を頌すること路に溢ち、男女手を携えて功を詠ずること耳に盈てり。外には俗風を示し、内には真道を淳くす。

伏して願わくはかの弘道を顧りみて入京することを得せしめよ。しからばすなわち早く名徳を尋ねて速かに所志を遂げん。

今陋願の至りに任えず。敢えて視聴を塵して伏して深く戦越す。謹んで奏啓以聞。謹んで啓す。

貞元二十年十月日。日本国の学問僧空海啓す。

中丞閣下。

## 一一、〔口語訳〕福州の観察使に与えて入京する啓

日本国からの留学生、沙門空海啓し上げます。私こと空海は、これといった才能があるわけでもなく、何のとりえもございません。ただ、雪の中で自分の肱を枕にして寝たり、山中に住んでまずしい葉っぱを食するなど、僧侶としての苦しい修行の生活を送ってきただけの留学僧に過ぎません。たまたま他に人材がいなかったために私が留学生の末席をけがして加わったのです。留学の期間は二十年で、大乗仏教を学びたいと思っております。責任は重いのですが私はその器でないので、朝から夜まで時間を惜しんでおります。

いま知ったのですが、私は遣唐大使と共に入京（長安に入る）できない旨を承りました。その理由をお知らせ下さい。私は（入京以外の）望むことは何もありません。しかしながら歳月はどんどん過ぎてしまいます。国から与えられた任務を持ちながら時間を無駄に費すことなどできません。そこでぜひここに留めおかれないように、早く長安に行けるようにお願いしたいのです。伏して思いますに、観察使閣下は徳は高く、皇帝陛下に認められたかたで、お慈悲のお心は遠くにも近くにも広く知られております。老いも若きも皆こぞって道にあふれるほど多くの人々が高徳なることを称讃しています。男性も女性も皆が閣下のすばらしい功績をほめたたえているその声が耳にあふれるほどであります。外には世間の模範となる徳をほどこし、内には仏道に心を寄せておられるということです。まことに勝手なお願いでございます。至らない私の書状でお目やお耳をけがして恐縮に存じます。どうぞよろしくお願い申し上げます。

貞元二十年十月　日、日本国の学問僧空海より、中丞閣下。

〔解説〕丁度この頃の唐の朝廷は、徳宗皇帝が重病で、療養中であった。しかし日本からの恒例の遣唐使に対しては外交上からも大切にしなければならず、恐らく大使を含めて最小限の人数をえらんで入京の許可を与え、その際留学生などは急ぐことはないのであと廻しにされたのかも知れない。入京許可者の中に空海の名が無かったのである。そこで入京を願い出たのがこの書状である。幸いにも空海の願いは許されて、大使等と共に福州を出発し、長安に向けて夜に日を継いだ強行軍の末に、その年の十二月二十一日に長安城の長楽駅に到着したのであった。

第二船の副使の一行はすでに十一月十五日に長安に到着して第一船の一行を待っていた。十二月二十五日、合流した遣唐使たちは唐の皇帝に接見を許され、厚くもてなされた（皇帝は重病であったのだから、接見はどのように行われたのであろうか、これ以上のことはわからない）。そして翌年の正月二十三日徳宗皇帝は崩御、二十八日から三日間、大使葛野麿は葬儀に参列、二十八日にはただちに皇太子が即位して順宗皇帝となった（『日本後記』による）。

## 一二、越州の節度使に与えて内外の経書を求むる啓（四〇）

日本国求法の沙門空海啓す。空海聞く、法の物たるや妙なり。教の趣たるや遠し。これに遇う者は泥を抜けて漢に翔り、これを失う者は天より獄に入る。済度の船筏、巨夜の日月なる者なり。

ここをもって儒童迦葉は教風を東に扇ぎ、能仁無垢は法雨を西に灑ぐ。五常これによって正しきことを得、三際これをもって朗然たり。しからずんば盲瞽と与んじて坑に沈み、禽獣と将んじて別くことなからん。孔宣席を煖むるに遑あらず、悉達輪宝を脱躧する、蓋しこれがためか。これすなわち大雅大人万生を亭毒するの用心、大覚大雄三界を子育するの行業なり。しかりといえども、あるいは行われあるいは蔵る、時の変なり。たちまちに興り、たちまちに廃る、実に人によれり。時至り人叶うときは道、無窮に被らしむ。人と時と矛盾するときは教すなわち地に墜つ。

羽に駕し、雲に乗りしの前、人は火、時は水なりしかば、道すなわち蔵る。白馬白象の後、乳水、暗に合いしかば、教すなわち行わるるがごときに至っては、興廃流塞、人を待ち時を待つ。

伏して顧みれば、わが日本国は、曦和はじめて御せし天、夸父歩まざる地なり。途径は仲尼まさに浮ばんとして能わざる所の海なり、山谷はすなわち秦王往かんと欲して至らざる所の嶽なり。南嶽は大士の後身にしてはじめて到り、揚江の応真は棹を鼓して船破る。海に横わる鯨鼇山のごとくに峙つて舟を呑む。鷁首のよく圧うにあらず。漢に沃ぐ驚波、岳のごとくに崩れて底を決る。

禽高も何ぞ曾つて住むことを得ん。風緊かなるときは、百尺摧け、吹緩きときは赤馬動かず。日居月諸、朝に浴し夕に浴し、東に望み西に望めば碧落波に接われり。海に入るときはただ魚鼈の游楽を見て日月云に際まんぬ。山に登るときは空しく猿猴の哀響を聴いて寒暑推し移る。いわゆる万死の難みこの行これに当れり。このゆえに好勇憚ってこれを陋しむ。乗牛西して東せず。石室見難く、貝葉聞くこと罕なるは、路の険しきなるが致す所なり。昔は天后皇帝国信の帰るによって経論律等を寄せ送れり。しかれどもなお三蔵の中零落するものもっとも多し。好事の道俗西に望んで腸を断つのみ。

空海、葦苕に生れて躅水に長ぜり。器はすなわち斗筲、学はすなわち戴盆なり。しかりといえども、市に哭するの悲み日に新に、城を歴るの歎きいよいよ篤し。大方の教海を決って東垂の亢旱に灌がんと思欲う。遂にすなわち命を広海に弃てて真筌を訪い探る。

今、見に長安城の中において写し得る所の経論疏等凡て三百余軸、及び大悲胎蔵・金剛界等の大曼荼羅の尊容、力を竭くし財を涸くして趁め逐つて図画せり。しかれども人は劣に教は広うして、未だ一毫をも抜かず。衣鉢竭き尽きて人を雇うこと能わず。食寝を忘れて書写に労す。日車返り難うして忽に発期迫れり。心の憂い誰に向ってか紛を解かん。

空海、偶々崑嶽に登つて未だ懐に満つることを得ず。天を仰いで屠裂すれどもわれを知るに人なし。途遠くして来ること難し。いずれの劫にか更に来たらん。嗟呼、何の計かあらん。それ、重舶の一日千里することは猛風の力なり。遍覚の虚しく往いて実ちて帰るは大王の助けなり。日月に臨んで水火を得、鳳鵬に附いて天涯に届る。感応相い助くるの功、妙なるかな。

伏して惟れば、中丞大都督節下、天粋気を縦して岳瀆挺生たり。且は儒、且は吏、道を綜べ、釈を綜べたり。班馬を弾圧して金のごとくに声し、玉のごとくに振う。回賜を幷せ呑んで珪璋瑚璉なり。上帝、徳を簡んで人の父母となす。松筠子のごとくに視て鸞雉降り馴れたり。氷霜、犢を留めて五袴洋洋たり。動くときは景を躡み、風を逐うもの竜のごとくに躍り、星のごとくに散ず。住まるときは鼎を扛げ、鉄を索にして雲のごとく繞り、霧のごとくに合う。今を見れば北辰の阿衡たり。古に准うれば南甌の垂拱たり。謂つべし、「観音の一身付属の四衣なり」と。法の流塞ただ吐納に繫かれり。

伏して願わくは、かの遺命を顧みてこの遠渉を愍み、三教の中、経・律・論・疏・伝記、乃至詩・賦・碑・銘・卜・医・五明所摂の教の、もって蒙を発き、物を済うべきもの多少、遠方に流伝せしめよ。これすなわち大士の経営する所、小人の意わざる所なり。儻渇仰を遂げば戍績英声、肌骨に刻鏤し、山海の霈沢、万劫に身を粉にせん。一には節下の修福何事かこれに過ぎん。二には迷方の狂児忽ちに南を覚らん。

今渇法の至願に勝えず、敢て丹款を竭す。軽しく威厳を瀆して流汗戦越す。謹んで奉啓以聞す。不宣謹んで啓す。

元和元年四月　日、日本国求法沙門、空海啓す。

## 一二、〔口語訳〕越州の節度使に与えて内外の経書を求むる啓

日本国から法を求めてやって参りました空海、申し上げます。私、空海はこのように聞いております。真理（法）というのはまことに妙なるもので物質として扱うことはできませんし、教えというのもまことに深遠なるものでその趣きをことばで表わしにくいものなのです。しかしひとたびこうした法教に出会えば泥沼から抜け出して大空を飛び廻ることができますし、逆にこれを見失え

ば大空から落ちて地獄に行ってしまうのです。つまり正しい教法というものは人々を救済してくれる船や筏の如きものであり、長いくらやみを照らしてくれる日や月の如きものなのです。

このようなわけでありますから、儒童（孔子）や迦葉（老子）は教法を中国で説かれ、能仁（釈迦）や無垢（維摩居士）は西の国インドで教を説かれました。このおかげで儒教の五常（仁・義・礼・智・信）の教えが正しく伝えられ、三際（過去・現在・未来の三世）にわたる因果の理法が明らかになったのです。もしこれらがなかったならば、人々は教を知らぬものになりさがってしまい、鳥や獣と区別がつかない生きものになってしまったでしょう。かの孔子が席のあたたまるひまも無いほどに道を説いてまわったり、かの釈尊が王位を棄ててまで出家されたのも、みなこのためなのです。徳の高い人、品位の貴い人が万民を教化する心がけもこれですし、大覚世尊があらゆる人々を救済して下さるのもこれがあるからです。しかしそうは申しても、良い教えもある時は弘まり、ある時はすたれるように時の変化によるものであり、立派な人物が出たか出ないかで教えが盛んになったりすたれたりするのです。時代と人物との両方に恵まれた場合には、良き教えは際限なく弘まるのです。逆に時と人とに恵まれなければ、教えはすたれてしまいます。人類がこの地上に出現する以前の太古には人と時は火と水のように一致しなかったので教えは蔵れておりましたが、中国に仏教が伝来し白馬寺が建立されたり、インドで仏陀釈尊が白象に乗って母の胎内に宿ったりしてからは時と人とが自然に一致してきたので教えが弘まってきたことを考えますと、教えがはやったりすたれたりするには、人物と時節を待たねばならないことがわかります。

伏して思いますに、わが日本国は、日いずる国（東方の国）で、かの太陽と競走したといわれる俊足の夸父も足をふみ入れてないところです。中国からの道のりは、かの孔子も渡れなかったような大海原であります。両国をさえぎる山や谷は、かの始皇帝が橋を渡して渡ろうとしても渡れなかったような高山です。南岳の慧思禅師が生まれ変わって聖徳太子となって日本に渡ったと伝えられ、楊州に生まれた鑑真和上も何度も難破して苦労されました場所です。海中に住む鯨や大亀は山のようにそびえ立って舟を呑み込むように荒れますし舟のへさきにつける鷁首という波よけなど、ものの役にも立ちません。天から落ちるような荒波は山がくずれるように海底をえぐります。琴の名手で後半生は海中に住んだという禽高ですらとても住むことなどできません。風がつよい時は舟の帆柱がくだけ飛び、風が吹かなければ逆に舟が動きません。太陽と月だけが見えるだけで、東を見ても西を見ても大空が波と接しているだけです。日本から中国への航海中は、魚や亀が泳ぐのを見ながら長い月日が過ぎてしまいました。陸路は山また山でただ猿たちの悲しんでくれるような声を耳にしながら日々を過しました。死を覚悟しての行為というのはまさにこれに相当するのだと思いました。こうした理由でかの勇気を好んだ子路（孔子の弟子）も日本には来ませんでしたし、かの老子も牛に乗って西へ行き、東の日本には向いませんでした。日本で唐の書物が少くインドの経書が手に入らないのは道がけわしいのがその理由なのです。その昔では則天武后は日本からの使者が帰国する時には経・律・論の書物を贈って下さいましたが、まだまだ伝来していないものが沢山ございます。道を求め、学問をしたいと願っている人々（好事の道俗）は西の方唐をあこがれて断腸の思いでおります。

私こと空海は、豊葦原の国である日本に生まれ、牛の足跡にたまった水のように狭い小さな場所（讃岐）で成長いたしました。その器量もまことに小さく、見識もまことに狭い人間にすぎません。しかしながら法を求めようという志は厚いものがあり、それはかの常啼菩薩が自分の身を犠牲にしながら、まだ法のために哭いたという哭市の悲しみを日々に新たにしたのと同じであり、かの善財童子が百十の城をめぐり五十三人の善知識をたずねて問法したという歴城の歎きを思ってはひたすら法を求めてきたのでございます。中国の多くの教えの水をたずねすくって、東のはての日本のひでりの田にそそぎたく願っております。その故にこそ死ぬ思いで広い海を渡って、真理のつまった魚かご（内外の経書、仏教の経典や仏教以外の典籍）を求めに来たのです。

そしていま長安城内で写し得た経典論疏あわせて三百余軸、及び大悲胎蔵・金剛界等の大曼荼羅を、全精力、全財産を費し手に入れることができました。

しかしながら私の力はとぼしいのに教は広範で、九牛の一毛にも及びません。いまや金銭もなく人をやとうこともままなりません。寝食を忘れて書写しましたが時間は過ぎてしまいます。出発の日は迫っております。この私の悩みは一体だれに訴えたらよいでしょうか。

私、空海は、偶然にも崑獄という宝の山に登りながらいまだ満足すべき収穫を得ておりません。天を仰いで泣きさけぼうとも私などを知る人はおりません。知人ははるか遠くにおり来てはくれません。いくら待っても来れないのです。ああ、私はどうしたらよいのでしょう。大きな船が一日千里を走れるのは猛風が吹いてくれるおかげです。玄奘三蔵が手ぶらで出発し、帰国の時には沢山の経典を持って帰れたのは高昌国王の援助があったからです。火うちがまで日光を受けて火を得、月より水をとる鏡で月光を受けて水を得るというたとえもあり、小さな虫もおおとりについていれば一緒に天のはてまで昇れると申します。ものごとが互いに感応して助け合うのはまことに不思議なものであります。

伏して思いますに、中丞であり節度使であられる閣下はお生まれつきすぐれた資質を持たれ、五岳・四大河から精気を受けて他から抜きん出ておられるかたとうかがっております。儒教の道に到達され、官使としての道に通達されました仏教も十分に理解され、文章を作るのにすぐれておられ、その美文は金や玉の鳴るような美しさといわれております。孔子の弟子の顔回や子貢を合わせたようなすぐれたかたであり、品性が高くお人柄も貴いとのことです。皇帝陛下はあなたが徳の高いところを選ばれて節度使に任命され、人々の指導者とされました。松や竹が色を変えないように常に人民をわが子のように愛し、鸞や雉たち鳥類にまで慈愛にみちた徳が及んで、彼らからもしたわれておられます。あなたが節度使として清廉なことは、かの時苗が、任地で生まれた子牛を自分のものとせずに、任地に残して去ったという故事にも比すべきで、このために人民は豊かになり、あなたの名声はひろく行きわたっております。外を歩けば人々がつき従ってその景をふみあらし、とりまいてつき従う人の早いことといえば竜のごとく勢いがあり、従者の多いことは大空の星の数ほどです。あなたが城内にいれば、力のつよい豪傑が、それこそ雲か霧のように集ってあなたを守護します。まさに皇帝陛下の宰相というにふさわしいかたなのです。古代でいえば南越の東甌王が皇帝をたすけて天下を統一したために、漢帝は衣を垂れて何もせず天下が治ったようなことにたとえられましょう。まさに観音さまの三十三身の一つである宰官身のようなかたといえましょう。正しい法が弘まるか弘まらないかは、あなたの一言にかかっているのです。

伏してお願い申し上げますが、仏陀の、衆生を救済せよとの遺命をお考え下さって、そのために遠い国からやって参りました私を、おあわれみ下さって、儒教・道教・仏教の経・律・論・それらの注釈書・人物の伝記、あるいは詩・賦・碑・銘・卜(占術)・医学書・五明(声明―文法学、工巧明―工学、医方明―医学、因明―論理学、内明―仏教学)に関するもので、人々の心を進め、人々を救済する役に立つもの何でも結構ですから日本に持ち帰らせて頂きたいのです。このことは立派な人間が考えることで、至らぬ人では考えの及ばないことです。もしこの願いをかなえて下さるならば、大きな功績とすぐれた名声は私の肌身にきざんで忘れず、その山より高く、海より深いご恩には身を粉にしても酬いたいと存じます。そしてその結果、第一に閣下の善業はこれに過ぎるものがなくなり、第二に迷い苦んでいる人々にとってのすばらしい指南となりましょう。

私の願いは只正しい教えを手にしたいということだけでございます。私のまごころはそこにあります。ご無理なことを申し上げて恐縮至極でございます。どうぞよろしくお願いいたします。

元和元年四月　日　日本国求法沙門　空海

**〔解説〕** 西暦八〇五年、日本暦延暦二十四年、空海三十二歳、恵果和尚との出遇い、そして密教の受法、年末での師の遷化という劇的な出遇いと別れを体験した空海は、翌八〇六年、和尚の埋葬をすませて友人の橘逸勢らと共に、恐らく正月下旬か二月早々に長安を出発し、三月中には越州永寧駅に到着したと考えられる。一行はこの間を四十九日かけている。この越州の節度使に宛てて書簡を送ったのがこの一文である。

そもそも空海の留学生としての使命は、二十年間中国に滞在して広く唐の文化を日本に伝えることであった。密教の受法はその一部であり空海にとってはこれが最重要には違いないが、日本の朝廷の期待はそれだけではなかったのである。空海もこのことは十分に承知していて、唐の文物をできるだけ多く入手して帰国しなければ済まないと考えていた。早く帰国して密教を日本に弘めよ、という師の遺命で、やむなく足かけ三年で帰国しようという空海の心は複雑であったことは想像に難くない。このまま帰国したのでは、留学期間を勝手に縮める闕期の罪を犯してしまうことになる、しかしいま自分にできることは、心ある高官の援助を仰ぐ以外に道は無い。「仏典でも外典でも、何でもよい、日本文化の向上に役立つ書物を持ち帰らせて欲しい」という空海の、ほとんど悲鳴にも似た、切実な思いが読みとれる。この空海の願いがどれだけ実現したかはわからないが、帰国後に日本の朝廷に提出した『御請来目録』には、密教あるいは仏教に関するもののみが挙げられていて、その他の外典については記録が無い。あるいは別に記録があるのかも知れないが不明である。

ちなみに空海が帰国直後に朝廷に奉進した報告書、『御請来目録』は、在唐中に空海がどういう行動をとったか、密教の受法がどのようであったかなどがきわめて詳細に書かれてあり、唐から持参した経典類の目録だけにとどまらない貴重な資料である。

特に中心となっている密教経典としては、いまだ中国の経録にも載っていない新訳の経典、つまり不空訳の金剛頂経系統のものが九割を占めており、それらが整然と分類されているのは、空海の頭脳の冴えを見せつけられる思いがする。この目録を見て驚いたのは、先に帰国していた最澄で、早速これを写し取って所持し、後に空海に対し経典の借覧を依頼（十六回にわたり、六十分に及ぶ請借の書簡が残っている）する資料としたのである。ところがこのうち、空海提出の原本は所在不明で、最澄書写のものが現存し、最澄の筆跡を示すものとして国宝に指定されているのは、まことに皮肉である。

最後に一言すれば、空海の予想した通り、入唐の期間を繰り上げて帰国したことに対する朝廷の扱いは厳しく、平城天皇在位中の四年間は、空海は北九州の観世音寺に留められたまま、その地で過さねばならなかったし、その後も、法律違反として一部の人々から反対の材料として用いられ続けたのである。

# 一三、本国の使と共に帰らんと請う啓（四一）

留住学問の僧空海啓す。空海、器楚材に乏しく、聡五行を謝せり。謬って求撥を濫りがわしうして海を渉って来たれり。草履を著けて城中を歴るに、幸に中天竺国の般若三蔵及び内供奉恵果大阿闍梨に遇い上って膝歩接足して彼の甘露を仰ぐ。

遂にすなわち大悲胎蔵・金剛界大部の大曼荼羅に入って、五部瑜伽の灌頂の法に沐す。湌を忘れて読に耽り、仮寝して大悲胎蔵・金剛頂等を書写す。すでに指南を蒙ってこの文義を記す。兼ねて胎蔵大曼荼羅一鋪、金剛界九会大曼荼羅一鋪を図し（並びに七幅丈五尺）幷びに新翻訳の経二百巻を写し、繕装畢えなんとす。

この法はすなわち仏の心、国の鎮なり。氛を攘い、祉いを招くの摩尼、凡を脱れ聖に入るの嘘径なり。このゆえに、十年の功これを四運に兼ね、三密の印これを一志に貫く。この明珠を兼ねてこれを天命に答せん。たとい、久しく他郷に客たりとも、領を皇華に引かん。白駒過ぎ易く黄髪いかんがせん。今陋願に任えず。奉啓不宣。謹んで啓す。

## 一三、〔口語訳〕本国の使と共に帰らんと請う啓

留学中の学問僧、空海が申し上げます。私こと空海は器量にとぼしく、また一度に五行を読んで理解したといわれる応奉の聡明さも持ち合わせておりませんが、どうしたことか法を求めて海をわたって唐に参りました。そして長安城中において幸いにも中天竺（中インド）の般若三蔵や内供奉（宮中の道場に仕える僧）の恵果先生にお遇いすることができ、教えを頂くことができたのです。

そして大悲胎蔵・金剛界の両部の大曼荼羅に入って五部瑜伽の両部の灌頂をさずかることができました（灌頂とは祈りを込めた浄水を頭上にそそいでもらい、自分が仏陀として生きるという覚悟を持つ、密教の儀式）。それからというものは食事も忘れるほど時間を惜しんで書を読み、眠る時間も削って、大日経や金剛頂経に関する書物を書写いたしました。さらに師の御指導を受けてそれらの意味内容も記すことができました。さらに胎蔵大曼荼羅一幅、金剛界九会大曼荼羅一幅（両方とも幅七尺、丈五尺）加えて新訳（不空訳）の経典二百巻を書写し表装も終ろうとしています。

　この私の受けて参りました密教は、仏教の心髄であり、国の安定と安全に寄与し、災疫を払い福利を益し、凡夫が仏陀に到達する最短の近道なのであります。本来ならば十年かかるところをわずか一年で成満し、三密（身・口・意の三密、仏陀の活動）の印爾を一身に体得することができました。この宝珠ともいうべき密教の教えを天皇陛下へ持ち帰りたいのです。たとえこれ以上長く中国にとどまったとしましても結局は次の使い（皇華）を待つだけでありましょう。歳月の過ぎるのは早く、いたずらに年をとってしまっては何にもなりません。まことにつまらぬお願いで申しわけございませんがよろしくお願い申し上げます。敬具。謹んで申し上げます。

〔解説〕恵果和尚からの受法を終り、和尚が入滅され、その埋葬をすませた空海にとって最も心にかかることといえば、和尚の遺命にしたがって早く本国に帰り、正法を弘通して元々（人々）を抜済（救済）し大忠大孝を実現することであった。丁度その時に日本から来唐した遣唐使の高階真人遠成に宛てて書簡を送り、共に帰国したい旨を述べたのがこの一文である。

この中で空海は、受法した後にも猛烈に経疏を学びまた書写して、寝る間も惜んで、食事も満足にとらずに努力した、と述べており、いつもながらの空海の努力の毎日が偲ばれる。また文中に、自分の受法してきた密教について、その特色を四点挙げていることも注目すべきである。

「この法はすなわち仏の心、国の鎮なり。氛を攘い、祉いを招くの摩尼、凡を脱れ聖に入るの嘘径なり」。

「この法」とは真言密教のこと、「仏の心」とは曼荼羅で示されるように、この世のあらゆる価値を中央の大日如来で統合している、という見方で、曼荼羅のすべての周辺の諸尊は、中央の大日如来の現われと考えるのである。その結果として西方の阿弥陀如来も東方の薬師如来も本体は大日如来であり、観音も地蔵も本体は大日なのである。あるいは大黒天も弁財天も同様に本体は大日である。この曼荼羅を心に置くことによって私たちの物の見方は広々としたものになる。どの仏もどの菩薩も、否定する必要はない。いかなる神をも否定する必要がないのである。こうした趣旨を空海は端的に「仏教の心髄」と表現したのである。次の「国の鎮」とは国家が安定し庶民が安心して暮せることであり、現在なお毎日のように報道される国際紛争、民族の武力対立、宗教紛争による女性や子供の苦しみ等を目にすれば、国の安心安全がいかに必要かがわかるであろう。真言密教はこうした国の安定を仏陀に常に祈り、その実現のために努力することを標榜しているのである。

第三の柱は「氛を攘い、祉いを招くの摩尼」は人々の毎日の生活の中での除災招福である。摩尼とは摩尼宝珠という宝の珠のことで、人生を生きる上で仏陀の加護を得て、まことに不思議な除災招福が実現することをめざすのも密教の使命なのである。そして究極的には私たち、まことに弱い、たよりない人間が、広い視野と深い洞察力を備え、勇気をもって力強く人生を生き切ることにいざなって貰えるのである。これを不思議と言わずに何と表すればよいのであろう。私はそのことばを知らない。

第四の柱は「凡を脱れ聖に入るの嘘径なり」であるが、これは言いかえれば即身成仏思想である。即身成仏という語は、とかく誤解され易いが、これこそ真言密教の中心的な思想であり、弱い人間が力づよく人生を送るために欠かせない考え方である。空海の重要な著作に『即身成仏義』というものがあり、その題名のごとく、ここに詳述されている。しかしこの著作も、ややもすると空海の趣旨を正確に理解できずに、間違った方向に解釈してしまっている場合が多いように思われる。詳しくは角川学芸出版刊行の拙著をお読み頂きたいが、肝要の部分をかいつまんで述べておく。

即身成仏へのアプローチのために最も大切なことは、まず仏陀の理解を一般の仏教と変えることである。先の「仏の心」のところで述べたように、心内に曼荼羅を置いて、その中央に座す大日如来という仏陀に深い理解を持つことである。真言密教においては、この大日如来は法身といい、諸仏の根元なのである。あらゆる諸尊は大日如来が身を変えたもの（これを応化身という）なのであって、こうした仏身、しかも大日如来は広大な仏身で宇宙に遍満しているという仏身、そして限りなく高い生命体であり人格を持ち、脈々と生きづいている仏陀、これが法身大日なのである。この大日如来の実在に気づき、そのいのちに触れることが、真言密教の修行の眼目なのである。こうした仏陀の存在に気づきさえすれば、我々凡夫は、煩悩をかかえた凡人そのままで、大日如来と一体であり、大日にいだかれていることになるではないか。こうした大前提を確認することが即身成仏の真意である。

『即身成仏義』で空海は、「かの身すなわちこれこの身、この身すなわちこれかの身、仏身すなわちこれ衆生身、衆生身すなわちこれ仏身なり。不同にして同なり、不異にして異なり」と述べている。大日如来と私たち凡夫は、同じではないが同じであり、異ならないが異なっている、という微妙な関係を大いにかみしめるべきである。

それまでの一般の大乗仏教では、阿弥陀如来にしても薬師如来にしても一切の如来は、仏身でいえば報身といわれるもので、大乗経典に説かれている如来は、はじめは菩薩であり、願を立てて、その願が実現されない限り仏陀には成らないと誓い、何代も生まれ変わりながら努力を続ける。そうした長い修行の結果、願が成就し、その報いとして成仏された、と経典に書いてある。こうした仏陀に普通の人々はなれないしまねができない。だから大乗仏教では、仏に成ることなど考えず、菩薩道を歩むことを人生の目的として、仏陀を高く仰ぎ、礼拝しながら生活するのである。ここに大乗仏教の健全さと魅力がある、と思う。こうした大乗仏教では、遠劫成仏（おんごうじょうぶつ）といったり三劫（さんごう）成仏といって、仏に成ることはほとんどあきらめ、ひたすら仏を高くあおぐことに心を集中するのである。密教との仏陀の考え方の違（ちが）いを考えれば、空海の主張するところも理解できるであろう。

## 一四、橘学生本国の使に与うるがための啓（四三）

留住の学生逸勢啓す。逸勢驥子の名無うして青衿の後に預れり。理須らく天文地理、雪の光、心に暗んじ、金声玉振鉛素に縟んず。しかれども今山川両郷の舌を隔てて、未だ槐林に遊ぶに遑あらず。且らく習う所を温ね、兼ねて琴書を学ぶ。日月荏苒として資生都て尽きぬ。この国の給う所の衣糧僅かにもつて命を続ぐ。束修読書の用に足らず。たとい、専ら微生が信を守るとも、あに廿年の期を待たんや。ただ螻命を壑に転ずるのみにあらず、誠にすなわち国家の一の瑕なり。今所学の者を見るに、大道にあらずといえども頗る天を動し、神を感ずる能あり。舜帝撫して、もつて四海を安んじ、言偃拍つて一国を治む。彼の遺風を尚んで耽研功畢んぬ。一芸これ立つ、五車通し難し。この焦尾を抱いてこれを天に奏せんと思欲う。今小願に任えず。奉啓陳情す。不宣謹んで啓す。

## 一四、〔口語訳〕橘学生本国の使に与うるがための啓

中国に留学中の学生、逸勢が申し上げます。

私こと逸勢は、一日に千里を走るという驥子のような名馬の才能があるわけではありませんが、留学生の端に加わることができました。本来ならば天文学や地理学を雪のあかりで勉強した孫康のように夢中で学び、立派な文章が作れるように沢山の文章を作らなければなりません。しかし中国と日本では言葉が違うのでよく理解できず、いまだに学校にもかよえないありさまです。そこで、これまで勉強していたものを復習しながら、兼ねて琴の曲譜を学んだのです。時はどんどん過ぎて学資もつかい果たしてしまいました。中国の給付金はわず

かで、ようやく生きていくだけでいっぱいなのです。師へのお礼や書物を買う費用まで出ないのです。かの微生高という人は女性との約束を果たそうとしてかえって溺れ死んでしまったという故事がありますが、たとえ私が二十年の留学期間を守っても飢え死にするのが関の山です。もしそういうことになれば、おけらのようなつまらぬ人間といわれるにとどまらず、日本国の恥になってしまうでありましょう。これまで私が学んだ琴の調べは本来私が学ぶべき儒教の大道とは違いますが、天を感動させ、神を感動させるほどのはたらきがございます。舜帝は琴を弾いてまわりの国の人々を鎮めたといわれますし、言偃（孔子の弟子の子游のこと）は音楽を重んじて一国を治めたといわれます。そこで私もこれらの故事にならって一所懸命に努力いたしました。一芸に秀でるものは身を立てることができる、といわれますし、五つの車に乗せ切れないほど多くの書物を学んでも、学びかたによっては何にもならないともいわれます。私はこの琴の調べを日本に持ち帰って陛下の御耳に奏上したいと存じます。まことに勝手なお願いでございますがどうぞよろしくお頼みいたします。

〔解　説〕前の書簡で空海が、丁度来唐した日本からの使である高階真人に一緒に日本につれて帰ってほしい旨を伝えたことは、すでに述べた。これを聞いた友人の橘逸勢は、自分も一緒に帰りたいと思い、友人の空海に書簡の代筆を依頼したのがこの一文である。彼は空海と共に入唐し、同じく二十年の予定で儒学等の学芸を学ぶために長安に来ていたが、学校にも入らず勉強もせず、文人たちと交際し、書を書き楽しみ、琴を弾いて、学資も使い果たしてしまったのである。彼は文才もあり、書道に秀でていたので、彼と交際した中国人たちは彼を橘秀才と呼んだと伝えられている。その彼が本国の使に宛てた手紙を、空海に代筆してもらっているのである。『文徳実録』には彼についてこう伝えている「逸勢は右中弁従四位の下、入唐の子なり。性となり放誕にして細節に拘らず、もっとも隷書に妙なり。宮門の榜題の手迹、見に在り（後略）」と。彼の後半生はどのようなものだったか定かではないが、彼の自由を好んだ人柄もあろうし、勝手に留学期間を縮めて帰国したことも影響があるかも知れない。しかし、空海との生涯にわたる交友は、彼にとってプラスに働いていたに違いない。後世、平安初期の三筆の一人とたたえられているのもそのためかと考えられる。

## 一五、四恩の奉為に二部の大曼荼羅を造する願文（五四）

弟子苾蒭空海両部曼荼羅に帰命したてまつる。

それ金剛の四法身、胎蔵の三秘印は、空性に憩って軷祖し、重如に秣って もって脂轄す。

一道無為は初入の門、三自本覺は声も及ばず。衆宝の心殿は高広にして無辺なり。光明の日宮は遍ぜずというところなし。真言の大我は本より心蓮に住し、塵沙の心数は自ら覚月に居す。三等の法門は仏日に住して常に転じ、秘密の加持は機水に応じて断ぜず。法性の身塔奇なるかな、大なるかな。

弟子空海、性熏我を勧めて還源を思とす。徑路未だ知らず、岐に臨んで幾たびか泣く。精誠感あってこの秘門を得たり。文に臨んで心昏(くろ)うして赤懸を尋ねんことを願う。人の願いに天順(したが)いたもうて大唐に入ることを得たり。

たまたま導師に遇いたてまつって両部の大曼荼羅を圖(ず)し得たり。兼ねて諸尊の真言印契等を学す。しかりしよりこのかた、年三六を過ぎて絹破れ、彩(さい)落ちて尊容化しなんと欲す。後学を顧みて歎(なげき)を興し、群生の無福を悲しむ。ここに諸仏膽(たん)を照し、一天誠(まこと)を感ず。后妃(こうひ)随喜(ずいき)し、震卦(しんくわ)また応ず。三台心を竭(つく)し、衆人力を效(いた)す。

　謹んで弘仁十二年四月三日より起首して、八月尽(つごもり)に至るまで、大悲胎蔵大曼荼羅一鋪(ふ)八幅(ふく)、金剛界大曼荼羅一鋪九幅、五大虚空蔵菩薩、五忿怒尊、金剛薩埵、仏母明王、各(おのおの)四幅一丈、十大護の天王、蘖魯拏(きゃろだ)天の像、竜猛菩薩(りゅうみょうぼさつ)、竜智菩薩の真影等すべて二十六鋪を圖(ず)し奉る。九月七日を取つていささか香華を設けて曼荼を供養す。九識の心王は乗蓮の相を凝らし、五智の法帝は坐月の貌を厳しうす。点塵の身雲は本標を執つて輻側し、恒沙の心数は供器を擎げて駢羅たり。一礼一瞻すれば、慧剣縛を断ち、もしは供、もしは讃、智宝福を与う。

伏して願くはこの功業を廻して仏恩を報じ奉り、国家を擁護し、悉地を尅証せん。刹は妙楽の刹に均しく、人は不変の人に同じからん。もしは貴、もしは卑、あるいは道、あるいは俗、財を捨て力を効すの績、筆を揮い、針を投ずるの営み、木を伐り、水を汲み、饍を設け、味を調え、心を挙げて随喜し、掌を合せて低頭し、讃毀見聞、親疎恩怨、五大の遍ずるところ、心識の在るところ、阿字を本初に悟つて三宝を三密に覚り、鑁文を無終に解して五界を五智に知らん。法爾の荘厳豁然として円に現じ、本有の万徳森羅として頓に証せん。

## 一五、〔口語訳〕四恩の奉為に二部の大曼荼羅を造する願文

仏弟子であり修行者である空海は、胎蔵界と金剛界の両部の曼荼羅に帰依申し上げます。

真言密教で金剛界の四種法身（自性身・受用身・変化身・等流身の四身はすべて法身であるという、密教独自の仏身観）、胎蔵界では字・印・形像に分類しそれぞれ法曼荼羅・羯摩曼荼羅・大曼荼羅で表わしている三秘印、こうした真言密教の境地をあこがれて、空性に休んでいた人（一切皆空をめざす第七住心の三論宗の人）が旅立ちの準備をはじめ、如如（真如）を楽んでいた人（真如を重視する第六住心の法相宗の人）も第十住心の密教に向って出発の用意をします。一道無為住心（天台宗）は密教の入口にいるようなものであり、三自一心の本覚をめざす（華厳宗）教えも密教には遠く及ばないのです。多くの宝がつまっている密教の心の高殿は実に高大無辺ですし、そこに住まわれている大日如来の光明は遍く行きわたっております。真言密教で仰ぐ大日如来は本来的に私たちの心に住んでおられ、無数の眷属は自らそれぞれ覚りを説きつつ遍

満しております。我身・仏身・衆生身の三つは本来一つであり平等であるという三平等の教えは大日如来によって常に説かれており、大日如来の加持の効能は、それを受ける相手の機根に応じて絶えることがありません。まさに法身大日如来の功徳力は驚くべき、大いなる力であります。仏弟子、空海は発心して本源の教えを求めようと思いました。しかしそこに至る筋道をつかめないまま、ずいぶん苦しみました。しかし誠意をもって努力した結果が仏のお心に通じ、この密教という教え（大日経を指す）を知ることができたのです。しかし、文章を読んだだけでは十分に理解できないため中国に行きたいと願っておりました。そうした私の願いを朝廷にお聞き届け頂いて入唐することができました。そこで導師（恵果和尚を指す）にお遇いすることができ、両部の大曼荼羅も図してもらい、あわせて諸尊の真言や印契等も学ぶことができました。それ以来、今日まで十八年が過ぎ曼荼羅もいたみがはげしく、色彩もはげおちて、諸尊のおすがたも変化してしまいました。

真言宗の後に続くものたちのためにこれではいけないと思い、また一般の人々のためにもならないと思い、また諸仏の御加護もありまして、そこに陛下も私の願いに御感動を頂き皇后さまも御協力を賜り、皇太子殿下にも御協力を賜り、三人の大臣各位（太政大臣、左大臣、右大臣）及び多くの人々にも協力して頂けました。

弘仁十二年四月から始めて八月の末日までに、大悲胎蔵大曼荼羅一鋪巾八尺、金剛界大曼荼羅一鋪巾九尺、五大虚空蔵菩薩、五忿怒尊、金剛薩埵、仏母明王各巾四尺丈一丈、十天蔵、蘖嚕拏天像、竜猛菩薩、竜智菩薩の真影等合計二十六鋪を画きおわりました。九月七日には香、華を供えて曼荼羅供養を催しました。胎蔵曼荼羅中央の大日及び四仏、四菩薩がたの合計九尊は中台八葉院に坐して、蓮華三昧に住しておられ、また金剛界曼荼羅では大日とそのまわりの四仏は月輪の中に坐して月輪三昧に住しておられます。無数のほとけは救済のしるしを持って集り並んでおられ、また無数の眷属もほとけを供養するためのうつわを持って並んでおられます。仏陀を一礼し一見すれば、仏陀の智慧の剣は、人々の煩悩を断ち切ってくれますし、仏陀に供物を奉げて讃をとなえれば、仏陀の智慧は人々に福を与えてくれるのです。

伏してお願い申しますが、曼荼羅を造ったという行為を仏恩に報ずるものと思し召され、国家をお守り下さり、私たちがお悟りを開けますように。この国土が密厳仏国土と等しくなり、人々も大日如来に等しくなりますように。高位高官の人も低い人も、出家も在家も金銭の援助をほどこして善行を積み、筆を用いて画き、あるいは針を用いて表装し、あるいは木を伐ったり、水を汲んだり、お斎の饍を用意し、料理の味をつけ、真心を込めて参加し、頭をたれて礼拝し、ほめるもの、そしるもの、見るもの、聞くもの、親しいもの、疎遠なもの、恩あるもの、怨みあるもの、さらには地・水・火・風・空の五大でできているすべての物資(非情)そして心をもっているすべての生きとし生けるものが、すべて阿字本不生という大日如来のお悟りを知り、仏・法・僧の三宝を理解することで大日如来の身・口・意の三密の活動を知り、鑁字が無始無終の法身大日を現わしていることを悟り、地・水・火・風・空の五界でできているすべてのものが大日如来の五智を備えていることを悟り、自然のままの様子に現われている仏の世界が自分の眼で完全に確認することができるようになり、人間だれもが本来、心に持っている仏の徳がしっかりと確認できるようになることでしょう。

**〔解　説〕**空海が唐から帰国した際に持ち帰った曼荼羅等が十八年たって破損したり色彩があせてきたことから、空海が一念発起してこれらの掛け軸を新しく画き直してもらい、軸や表装も新調した。これにはかなり高額な費用が必要であったが、上は天皇、皇后、皇太子から下は広く一般の人々からの寄進によって完成した。この大事業の完成を記念して曼荼羅供養の法要を修した際の空海の願文が、この一文である。

文中で空海は、自分はかねてから宗教の原点を追究してきたが、なかなかそれが求められず、ずいぶん悩んだあげく、ようやく最後に『大日経』に代表される密教に出遇うことができたが、内容を詳しく知るために入唐した、という意味が書かれている（還源を思とす）。

そしてこれらの掛け軸を新調することの意味の大きいこと、さらにこの浄業（浄らかな行為）に協力した人々への密教の功徳が、空海独特の名文で詳しく表現されているところが読みどころである。

ちなみに大曼荼羅を掛けてこれを供養する法会は「曼供」と称して現在でも真言宗ではしばしば催されるが、その趣旨は、空海のこの文章をもとにしているのであろう。

## 一六、故の藤中納言のために十七尊の像を造り奉る願文　一首（五五）

ここに大楽不空十七尊の曼荼羅あり、両絶を超えて都を建て、三諦を過ぎてもって殿を構う。無始無終にしてその極に坐し、金幢金杵その台を荘る。塵骨をもって身とし、沙心をもって用とす。常恒の仏業いづくんかあり、いずくんかなからん。

伏して惟れば故の入唐大使中納言正三位藤原の氏は、累代の貂蟬として、両国の令聞あり。一心をもて四帝に授け閨孝をもて国忠に移す。延暦の末の年、使を奉って入唐す。貧道学道を叨り濫うして、同じく一船に乗る。暴風柂を折るの難、狂汰船を破るの危、三江に鷁を泛べ、五嶺に騏を馳す。東洛西秦、関輔郵亭、契存没に深く、約現当に厚し。豈に謂きや、風朝露を撥い、雨夕雲に絶えんとは。白楊秋の霜に悴け、青柏冬の吹に吟ず。空しく墳墓を余して人いづれの処にか去れる。終に臨んで余に一の紫綾の文服を遺れり。衣を覩て珠落ち、人を思うて鯁生す。今思わく廻して功徳を作して彼の逝者に報ぜんことを。

謹んで弘仁十二年九月七日をもって綾服を地とし、金銀を絲として、十七尊の曼荼羅一鋪三幅を圖し奉る。ならびに大楽金剛不空三昧耶理趣経一巻を書写して、兼ねて香華を設けて、仏に供し、経を演ぶ。蘇羅多の妙相は澹然として色悦び、吉利羅の尊容は寛爾として意を示す。欲箭は厭離の意を射、悲幢は愛縛の心を吸う。八供の侍女は法界に満ちて尽くることなく、四摂の使天は四生に遍じてもって饒益す。伏して願くはこの良縁によつて尊霊を翊け奉り、覚月を心台に朗んじ、慧日を蓮宮に曜かさん。広く無際を羅めて普ねく不生に入らしめん。

## 一六、〔口語訳〕故の藤中納言のために十七尊の像を造り奉る願文　一首

ここに金剛薩埵の心の内証を図示した大楽不空十七尊の曼荼羅というものがあります。これは、両絶たる法相宗や三論宗の教理（さとりの境界は文字やことばではあらわせないという）をはるかに超えて建立された教えであり、三諦を主張する天台宗や華厳宗の教理（天台宗では空仮中の三諦円融を説き、華厳宗では諸法を真俗中の三で説き尽くす）をもはるかに超越して構築されている深い絶妙なものなのです。真言教主大日如来は無始無終の法身であり、諸仏の根源であり、そのお座所は金剛の摩竭幢や金剛薩埵の金剛杵でかざられています。そのお身体は刹塵のごとく無限で、そのお心の作用はガンジス河の砂のように無数です。無数の衆生の願いを満足して下さるのですから常恒であり三世（過去・現在・未来）にわたってのおはたらきですから、いずれにあってもその作用が存在し、何れにおいても存在しないということはないのです。

伏して思いますに、故の入唐大使、中納言、正三位、藤原の氏は先祖代々にわたって高位高官に任ぜられた家系で、特に賀能氏は日本と中国の両国におい

てほまれ高い人物であり、忠義の一心をもって四代の天子に事へて、家にあっては親に孝行をつくし、それをそのまま国への忠義に移して国家のために尽くしたのです。

延暦時代の末年、遣唐大使に任命されて入唐され、私（空海）も留学僧を願い出て、同じ船に乗せて頂きました。ところが途中で暴風に遇い柂を折られ、荒波によって船がこわれるほどの災難でありました。それからは三江に舟を浮かべて遊覧したり、五嶺に馬を走らせて観光し、あるいは洛陽に長安にと旅をして種々の思いをいたしました。生死を共にし深い友情で結ばれたのです。風が朝露を吹き払うように、雨が夕雲を消し去るように亡くなってしまおうとは。お墓に植えた白楊（柳の木）は秋の霜によって枯れ、同じくお墓に植えた青栢も冬の風に悲しんで泣いているようです。ただ空しくお墓を残してあなたは一体どこに行かれたのでしょう。

命終の時にあなたは私に、紫の綾紋様の服を下さいました。その服を見るたびに涙が落ち、あなたを想い出してむせび泣いております。そしていま私は善行を施して亡くなったあなたに廻向して、報恩にしたいと考えたのです。

　謹んで弘仁十二年九月七日をもって、綾の服を使って金糸銀糸を用いて十七尊曼荼羅一鋪、巾三尺を画かせました。それと同時に『大楽金剛不空三昧耶理趣経』一巻を写経し香を焚き華をお供えし、法要を営んでお経を読みました。『理趣経』に説かれる妙適菩薩のすぐれたお姿は安らかにやわらぎ悦こばれ、また触金剛の尊いお姿は喜びにあふれた心をあらわしています。欲金剛は生死を厭離（いとう）しようとする心をいさめて、煩悩即菩提（煩悩を持ちながらこの世を生きぬくその中にこそ悟りがひそんでいる）を教えておられ、また愛金剛は大きな慈しみの心をもって、凡夫の愛縛の煩悩を認めてくれています。金剛薩埵に事える八供養の女性たちは供物を尽きることなく供えているし、四摂の菩薩は、すべての生きものに遍在して利益を与えています。伏してお願い申しますが、この良いご縁によって藤中納言（藤原葛野麿・賀能）のみたまの成仏が成就して下さって、覚りの月が藤中納言の心の蓮台にかがやきわたり、仏の智慧の光がそのおすまいの宮殿を明るく照して下さいますように。そしてさらにすべての人々にまでこの功徳が行きわたって、皆が、阿字本不生の境地に証入できますように（大日如来のさとりのお心に入れますように。阿字は大日如来をあらわす種字）。

〔解説〕空海が入唐した際の遣唐大使であり、のちに親しい交友を持った藤原葛野麿が弘仁九年に六十四歳で没し、その三回忌の法要にあたって、かねて遺品として受けていた紫の紋服を表装の切れ地に用いて理趣経十七尊曼荼羅を造り、経を写し、誦し、法要を営んで彼の冥福を祈った。その際に誦んだ願文がこの一文である。

　葛野麿と空海との出遇いは、遣唐使船の第一船にたまたま乗り合わせた時にはじまるのだが、船が難破して福州に漂着し、大使に依頼されて中国の役人宛てに書簡を書き、無事に上陸できたことから、両者の付き合いは次第に親密になったと考えられる。その後、福州から長安までの旅は、夜に日を継ぐ強行軍で約一ヶ月半続いたのであるが、その間の旅程の毎日は、二人の交友をますます濃いものにしたに違いない。文中で三江・五嶺を観光したとあるのは、その旅程の中での体験ではなかったか。なぜならば年末に長安に到着してからは、翌年二月に大使が帰国して別れるまで、ほとんど余分な時間は無かった筈である。

しかし、遺品の紋服を布に生かして曼荼羅の表装に用いるなどは、空海の友人に対する細やかな心づかいが知れる。なお最後の部分に『理趣経』の功徳を述べているが、密教を象徴するこの経の深旨を、まことにたくみに解釈していて、ここにも空海のなみなみならぬ力量があらわれていると思う。

# 一七、亡弟子智泉のための達嚫の文（七三）

それ寥廓たる性虚は諸因を離れて凝然たり。瓢蕩たる染海は衆縁に随ってもつて起滅す。故によく一念の妄風は波濤を心壑に鼓ち、十二の因縁は生死を迷夢に化す。識幻三有の獄に構え、色焰六趣の野に逸す。ついに無明の羅刹は亀鶴の命を斫り、異滅の旃陀は蜉蝣の体を殺す。たちまちになく、たちまちにあることすでに浮雲のごとし、たちまちに顕われ、たちまちに隠るること還って泡沫に似たり。天・獄の県に苦楽し、人・畜の落に憂喜す。嘆くべし、嘆くべし、幻化の子。悠なるかな、悠なるかな、乾城の客。ここに覚王悲しみを垂れて群迷を接誘し、智臣忍に騎って衆憝を汲引す。広く教網を投げて沈淪の魚を漉い、高く法羅を張って飛散の鳥を罩めたり。宰するに智慧の刀をもってし、煮るに一味の鼎をもってす。三点四徳の客、日夜に般楽し、不二一如の主、歳時に無為なり。無為の為、誰か敢えて思議せん。

念みれば亡せし我が法化金剛の子智泉は、俗家には我を舅といい、道に入ってはすなわち長子なり。孝心あって吾に事うること、今に二紀。恭敬して法を稟く、両部遺すことなし。口密に非なし、豈に唯嗣宗が言わざるのみならんや。怒をまた移さず、誰か顔子が弐せざることを論ぜん。斗藪と同和と、王宮と山巌と、影のごとくに随って離れず。股肱のごとくして相従う。吾れ飢うれば汝もまた飢う。吾れ楽しめば汝も共に楽しむ。いわゆる孔門の回愚、釈家の慶賢、汝すなわちこれに当れり。冀ふところは百年の遺輪を転じて三密を長夜に驚かさんことを。豈に図らんや、棺槨を吾が車に請うて、慟みあることを吾が懐に感ぜしめんとは。哀なるかな、哀

なるかな、哀なる中の哀なり。悲しいかな、悲しいかな、悲が中の悲なり。覚の朝には夢虎なく、悟の日には幻象なしというといえども、しかれどもなお夢夜の別れ不覚の涙に忍びず。巨壑半渡って片檝たちまちに折れ、大虚未だ淩がざるに一翮たちまちに摧く。哀なるかな、哀なるかな、また哀なるかな、悲しいかな、悲しいかな。重ねて悲しいかな。

またそれ世諦の事法は如来すら存して毀りたまわず、真言の秘印をば汝すでに授かつて謬らず、一字一畫衆経を呑んで飽かず、一誦一念諸障を銷すこと難きにあらず。不生を一阿に証し、五智を鑁水に得。法界の三昧は汝久しく修習し、遮那の四秘は汝また遊泳す。月鏡を心蓮に観じ、妄薪を智火に焼く。我則金剛、我則法界、三等の真言加持の故に、五相成身し、妙観智力をもつて即身成仏し、即心の曼荼なり。故に経にいわく、「我覚本不生云々」。また真言にいわく、「曩莫三曼多没駄南阿三迷底里三迷三摩曳沙縛訶云々」。かくのごときの真言、かくのごときの伽陀は法体をこの身に示し、真理をこの心に表わす。一たび聞けば四重・一闡提を除き、一たび誦すれば三等・四法身を証す。汝久しくこの義を解る。吾重ねて汝がために説く。

仰ぎ願わくは、金剛海会三十七尊・大悲胎蔵・四種曼荼羅、入我我入加持の故に、六大無礙瑜伽の故に、塵数の眷属ともに、無来にして来り、海滴の分身とともんじて、不摂にして摂したまえ。五智本有の殿を開き、九尊性蓮の宮を授けたまえ。法界を都として帝と称し、刹塵に遍して民を撫でん。有情の所摂、無明の所持、同じくこの理を悟って速かに自ら大覚を証せん。

## 一七、〔口語訳〕亡弟子智泉のための達嚫の文

ひろびろと広大な仏陀の法界は、あらゆる因縁を離れて、少しも動揺いたしません。一方たえずゆれ動いている煩悩にみちた生死の海は、その時々の縁にしたがって起り滅して止まることがありません。このゆえに、一たび無明の妄風が吹けばただちに誤った心識が起りますし、十二の因縁を観想すれば、生死の苦海から直ちに抜け出ることもできるのです。間違いの心の作用はこの世のあらゆる場所（三界）で地獄を構成して待ちかまえており、その焔は六道というこの世界をほしいままに焼き尽くしてしまいます。悪鬼のような無明は亀鶴のような長寿のいのちを切りうばってしまい、異滅の二相（生住異滅の四相であらゆる生きものは変化する、その後半の二相、形が変りそして滅する）は殺人鬼のように、私たちかげろうのごとき短いいのちをうばってしまいます。このように私たち人間の流転するはかなさというものは、浮雲のごときであり、顕われたと思えばすぐに隠れてしまうことはまるで水のあぶくのごときものなのです。天上に生まれたり地獄に落ちたり、あるいは楽しみあるいは苦しみ、

人に生まれたり畜生（動物）に生まれたりして、あるいは喜びあるいは憂いたりしているのです。こうした輪廻をくりかえしている幻のごとく化作された有情たちは、なんとなげかわしいことか。悲しむべきことか。仏の世界から遠くはなれた乾闥婆城に住んでいる有情たちは、覚りから何と遠い所に離れていることか。この状態を悲しみあわれみ給いて仏陀は、迷い苦しむ人々をいざない、菩薩がたは忍辱（たえしのび）の徳をもって迷える衆生（衆憃）を救済して下さいます。大きな教えの網を投げておぼれている人々をすくい上げ、あるいは高く法の網を張って人々が間違った方向へ飛び去るのを防いで救って下さるのです。すなわち智慧の刀をもって衆生の煩悩を切り棄て、法味（教えの美味）の鍋をもって衆生の無明を煮て滅し去ります。その結果、人々は救われて、法身・般若・解脱の三点、常・楽・我・浄の四徳を備えた如来として一日中、心楽しく過せるようになり、凡夫も聖者も同一であり不二であるという即身成仏の教えによって、年々に自性の理にかなって、因縁を離れた境界（無為・悟りの心）に到達することができます。因縁を越えながら、しかもその因縁を無視しない（無為の為）このようなことが考えられるでしょうか。まことに不思議なことであります。

さて考えますに、亡くなったわが弟子、また大日如来のお弟子たる智泉は、家族では私を舅と呼び、出家としては最初の弟子でありました。孝行の念あつく、私に事えて二十四年（二紀）になります。うやうやしく密教の教えを相承し、金剛界と胎蔵界の両部の法をすべて受け了っていました。ことばを慎み続けていたことは、かの嗣宗が人の過ちを口にしなかったと同様ですが、彼はその上に怒りを顔に出さず、それはかの顔回がそうであった以上でありました。修業中であっても、家でくつろいでいても、王宮に出仕する時も、山中で修行している時も、影の形にそうように私から離れませんでした。それはまるで古くから事えてくれた家来のようでした。私が空腹の時はあなたも空腹であり、私が楽んでいる時にはあなたも一緒に楽しむという具合でした。それは丁度、孔子にとっての顔回、釈尊にとっての阿難（アーナンダ）に相当すると思います。願わくば長く生きて私の遺す教えを人々に伝え、真言密教の三密の教えをもって長い夜の眠りをむさぼっている人々を覚めさせてもらいたかった。しかしながら思いもかけず、早く亡くなって私を悲しませるとは。あわれなり、あわれなり、あわれの中のあわれなり。悲しいかな、悲しいかな、悲しみの中の悲しみなり。覚りの世界では夢のごとく幻のごとき有為転変のことは超越していなければならないのかも知れませんが、この別れには涙が止まりません。大海原をなかば渡ったところで片方のかじが折れてしまったように、あるいは大空を渡り切らないのに中途で片方の羽がくだかれたような気持です。哀れなるかな、哀れなるかな、本当に哀れなるかな、悲しいかな、悲しいかな、重ねて悲しいかな。

しかし、世俗における必滅の理法は、釈迦如来すら変えることができなかったのです。そしてあなたは真言密教の重要な教えを正確に相承しているのです。この秘印秘字の一字一画にすべての経典の義理が含まれていますし、これを一誦一念すればあらゆる障りを取り除くことも難しいことではないのです。阿字の一字を念ずることによって本不生の理を覚り、鑁の一字を念ずることにより五智を体得して大日如来と一体になることができるのです（阿字も鑁字も大日如来を表わす種字）。大日如来の法界の心は、あなたは長い間修行してきたし、大日如来の四智印についてもあなたは十分に体得してきました。また、大日如来の智慧の鏡を自分の心に観じ、煩悩の薪などは智慧の火によって焚き尽し、自分自身が金剛薩埵であり、自分自身が仏の世界そのものだと観想できるのです。我心・仏心・衆生心の三つは同体なりという三三平等の真言の功徳に依ってそれが可能なのです。その結果、五相成身観（観法）を修して妙観察智を得て、即身成仏を成就し、われすなわち曼荼羅上の大日なりと確信するのです。大日経に「われ本不生を覚る云々」といい、また真言に、「ノウマクサマンダボダナン、アサンメイチリサンメイサンマエイ、ソワカ云々」というのがその意味です。こうした真言や偈頌は、仏陀を自身に確認し、真実を自心に保つもので、これをひとたび耳にすれば、殺生・偸盗・邪婬・妄語の四つの重罪や、仏種の無いような悪行などを除くことができるし、これをひとたび誦せば、我心・仏心・衆生心の三つが一つになるという三平等の自覚や、すべての身が法身大日如来と一体であるという確信を得ることができるのです。あなたは以前からこうしたことは体得していたと思いますが、いま私はあなたのためにあらためてこれを説きたいのです。

願わくば金剛界三十七尊、大悲胎蔵マンダラの諸尊、それぞれの四種マンダラに表わされる無数の諸尊との入我々入の功徳力によって、また六大無礙瑜伽という自身すなわち大日という深旨の力によって、数かぎりもない多くの諸尊とともに、あなたが、悟りの中であらためて悟りを証し、救われの中であらためて救済されますようにお祈りします。智泉のみたまよ、どうか五智を備えた大日如来の覚殿の扉を開けて、第八識を越えた密教の悟りの宮に入って頂けますように。さらに進んで法界に住して仏となり、あらゆる人々にまで心を至して彼らを救済して下さらんことを。無明煩悩におおわれている一切の衆生たちもこの真言密教の教えによってともにすみやかに、同じく悟りを証せますように。

〔解　説〕天長二年（八二五）空海が大きな期待を寄せていた弟子の智泉が三十七歳で早逝した。『弘法大師年譜』に引用されている『東南院縁起』によれば「法師智泉は天長二年、病に嬰り、二月十四日高野山東南院に於て遷化せらる。春秋三十七、法臈（僧侶になってからの年）二十一（取意）」とある。空海は亡弟子智泉のために法要を修し、切切たる達嚫の文（嘆徳文、風誦文とも）を撰し、痛切な哀悼の心を示したのがこの一文である。

この文にも見えるように智泉は空海の甥に当り、早くから空海のもとで教えを受けた人である。空海は去る弘仁三年に、二十四歳だった智泉を高雄山寺（京都）の三綱（三役）の一人に任命しており、また弘仁十二年十一月の両相公に宛てた書簡の中で、「大法の旨を得たる二、三の弟子」として、実恵・泰範・智泉の三名を推している。

自分が心から期待していた弟子に先立たれることは、この上なくつらいことである。しかし生死変化の理はだれ一人のがれられないのである。空海はこの悲しみを真向から受け止め、涙しているが、一瞬の後に智泉の成仏を心より願い祈り、同時に他の衆生もともに仏陀の光に導びかれて安楽なる仏国土に生ぜんことも願っている。この天長二年は空海が五十二歳を迎えた年である。これから五十九歳で高野山に隠棲するまでの八年ほどは、空海の円熟期ともいうべき期間で、綜芸種智院を開創したり『秘密曼荼羅十住心論』や『秘蔵宝鑰』を撰述したり、まさに一世の師表として活躍した時代である。智泉との別れに止まらず、種々の別れや悲しみを思いながら、それらに負けることなく自己の目標の達成に全力を傾けていく姿は、流石と思うばかりである。そしてこうしたことは、釈尊が頼りにしていた舎利弗（シャーリプトラ）目連（モッガーラナ）の二大弟子に先立たれた時、さらに孔子が愛弟子顔回を若くして失った時と同様のことが言えるのはまことに興味深い。

　ここで文中の「我覚本不生云々」について一言しておく。これは『大日経』巻第二、具縁真言品第二（大正蔵十八、九、中）にあり「我れ本不生を覚り、語言の道を出過し、諸過解脱することを得、因縁を遠離せり、空は虚空に等しと知る」という大日如来のことばである。空海は『即身成仏義』の中で、大日如来の体は私たち人間と同じく地・水・火・風・空・識の六大で構成され、この中で「われ覚る」という部分を識大に当て、大日も人格を有していることの証明としている。六大の証明は、この文を含めて六ヶ挙げているが、その最初の証文がこれである。我覚を識大とするほか阿字本不生は法性の堅固不動を示すから地大、言説は、法性は言説を超えているから水大、諸過（過失）は、法性は無垢で、火で焼き払った状態であるから火大、因縁は、法性は因縁を離れているから風大、空は法性の自在なることと虚空のごときことから空大を示す。これによって、大日如来が、地・水・火・風・空・識の六大所成つまり六大で構成されており、識大があることから大日も私たち人間と同じく高い人格を有しており、それは決して神格ではなくあるいはその他の第一原理のようなものではないことを証明している。ちなみに如来は神ではない。天地創造の神話の神を持たないのが仏教である。この世は神の造作によるのでなく、因と縁によって成立していると見るのが釈尊以来の仏教の伝統なのである。これを無我といい、大乗仏教では空（くう）といい、仏教を因縁の教えといい、縁起の教えというのはそのためである。したがって仏教徒は、神話の神を肯定する必要もなく、また否定する必要もない、全く別の立場に立っている。この大もとは釈尊の叡智（えいち）によるのであり、このおかげで仏教は宗教戦争を回避することができるのである。

# 一八、高野山万燈会の願文　一首（八五）

恭んで聞く、黒暗は生死の源、遍明は円寂の本なり。その元始を原ぬればおのおの因縁あり。日燈空に擎げて唯一天の暗を除き、月鏡漢に懸けて誰か三千の明をなさん。大日遍ねく法界を照し、智鏡高く霊台に鑑みるがごときに至っては、内外の障りことごとく除いて、自他の光普ねく挙ぐ。かの光を取らんと欲わば、何ぞ仰止せざらん。

ここに空海、もろもろの金剛子等と金剛峯寺に於て、聊か万燈万花の会を設けて、両部曼荼羅、四種の智印に奉献す。期するところは毎年一度この事を設け奉って、四恩に答え奉らん。虚空尽き、衆生尽き、涅槃尽きなば、我が願いも尽きなん。しかればすなわち、金峯高く聳えて安明の培塿を下し眄、玉毫光を放ってたちまちに焚釈の爀日を滅さん。濫字の一炎たちまちに法界に飄って病を除き、質多の萬華咲を含んで諸尊眼を開かん。仰ぎ願わくは、この光業によって自他を抜済せん。無明の他たちまちに自明に帰し、本覚の自たちまちに他身を奪わん。無尽の荘厳、大日の恵光を放って、刹塵の智印朗月の定照を発せん。六大の遍ずるところ、五智の含するところ、虚を排い地に沈み、水を流し林に遊ぶもの、摠べてこれ我が四恩なり。同じく共に一覚に入らん。

天長九年八月廿二日

## 一八、〈口語訳〉高野山万燈会の願文　一首

私は次のように聞いております。暗い迷いというものが苦しみ多い生死の人

生の源になっており、広くゆきわたった智慧の明かるさは悟りの本になっている、と。これらのさらに源をたずねますとそれぞれ因縁があるのです。太陽が大空に光りかがやけばただ一つのこの天の暗さだけは除いてくれます。また、月が空にかかったといって、どうして三千大千世界のすべてまで明るくしてくれましょう。それらにくらべて、大日如来が法界のすべてをくまなく照し、大日の智慧の鏡が高くかかげられて、人々の内心を明るくうつし出すと、内心や外界の障りはすべて除かれて、自分と他人の双方に利益をもたらしてくれる明るい光が出現するのです。そうした光が欲しいと思えば、それをひたすら仰ぎ望むことが必要なのです。

ここに私、空海は、多くの真言密教の弟子たちと共に、金剛峯寺（高野山）におきまして万の燈明と万の華をほとけに供養する法会をとりおこなって、金剛界と胎蔵法の両部の曼荼羅、さらに四種曼荼羅で表わされるすべての諸仏諸尊に奉げたてまつりたいと存じます。私の期するところは、毎年一度この法会を行なって父母・国家・衆生・三宝（仏・法・僧）の四恩にお答え申し上げたいのでございます。私のこの念願は、虚空が尽きぬ限り、衆生が尽きぬ限り、涅槃（悟り）がなくならぬ限り、尽きることはないでしょう。もしこの行事が年々続きますれば、この高野山の峯は益々高くそびえて須弥山の丘を見おろすようになり、仏陀の白毫（仏の額の白い毛）から放たれる光は、梵天や帝釈天の放つ光など吹きとばしてしまうでしょう。そうして濫字で表わされる智慧の炎はたちまちに法界にひろがってあらゆる病を除き、質多で示される思慮の心は万華のように花ひらき諸尊の慈悲の眼を開いてくれるでしょう。

仰ぎ願わくはこの光りかがやく法会の功徳によりまして自分と他人とのすべてを広く救済して下さいますように。他の無明（無知）がたちまちに自の悟りに帰入し、自心の本来の悟りがたちまちに他なる無明をうばい去らんことを。無量無辺の飾り（万燈会を指す）は大日如来の智慧の光となって、大日の無数の智が月の光のようにあらゆる衆生を照したまい、救済して下さいますように。六大から成るすべての衆生、五智を備えた大日如来、そして諸仏諸尊、空を飛ぶもの地をはうもの、水中を泳ぐもの、林に生きるもの、生きとし生けるもの、すべては四恩に含まれているのですから、皆ともに同一の悟りに証入できますように。

天長九年八月二十二日

〔解　説〕天長九年は空海五十九歳で、この頃から空海は高野山での隠棲期に入るのである。しかしこの文から知れることは、一切衆生の幸せを願って高野山上で万燈会を催し、今後は毎年恒例にしたい、そしてこの願いは「虚空尽き、衆生尽き…」るとも尽きることはない、とあるように空海の決意の堅いことが示されている。そしてこの頃から生涯の事業の最後の仕上げを考えていたように思われる。弟子の実恵法師の奏上（『弘法大師伝記集覧』三浦章夫編、七四三頁）によれば、この天長九年の冬十一月十二日に「永く穀味を厭いて坐禅を好まれた」と記されている。

## 一九、宮中真言院の正月の御修法の奏状(八七)

承和元年十一月乙未、大僧都伝燈大法師空海上奏してもうさく、空海聞く、如来の説法に二種の趣あり。一には浅略趣、二には秘密趣なり。浅略趣といっぱ、諸経中の長行偈頌これなり。秘密趣とは諸経中の陀羅尼これなり。浅略趣は大素本草等の経に、病源を論説し、薬性を分別するがごとし。陀羅尼秘法は方によって薬を合せ、服食して病を除くがごとし。もし病人に対って方経を被き談ずるとも、痾を療するに由なし。必ずすべからく病に当って薬を合せ、方によって服食すべし、すなわち病患を消除し、性命を保持することを得ん。しかるに今講じ奉るところの最勝王経は、ただその文を読み、空しくその義を談じて、かつて法によって像を画き、壇を結んで修行せず。甘露の義を演説することを聞くといえども、恐らくは醍醐の味を嘗むることを闕きてん。

伏して乞う、今より以後、一ぱら経法によって経を講じ、七日の間、まさに解法の僧二・七人、沙弥二・七人を択んで、別に一室を荘厳し、諸尊の像を陳列し、供具を奠布して、真言を持誦せん。しかればすなわち、顕密の二趣、如来の本意に契い、現当の福聚、諸尊の悲願を獲得ん。

（承和元年十二月乙未勅す、請によってこれを修して、永く恒例となせ。）

## 一九、〔口語訳〕宮中真言院の正月の御修法の奏状

空海が聞いておりますが、如来の説法に二種があると申します。一は浅略（浅くて簡単な）なる説法、二は秘密（表面的でなく奥深い）の説法でありま

す。浅略というのは一般的な経の文章（散文）や偈とか頌（韻文）などが相当します。これに対して秘密というのは陀羅尼（真言）などが該当します。たとえば浅略趣は医学でいえば『大素』とか『本草』などの薬学の書物のようなもので、病気のもとを解説したり、薬の内容や効能を述べているにすぎません。これに比べて陀羅尼を誦すのは、病気に応じて薬を調合し、それを実際に飲んで病気をなおすのに相当します。もし病人に向って薬の効能書を読んでやっても、それだけでは病気は良くならないでしょう。どうしても病に適した薬を作って飲まさなければ病気をなおして命を保たすことにはなりません。

ところが、現在まで宮中で催されている正月の金光明会は、ただ『金光明最勝王経』を講義しそれを聞いているだけで、本尊の軸を掛け、壇をしつらえて修法することをしておりません。経典の内容のすばらしいことはわかりますが、本当の仏陀の御加護を受けて安心を得るという醍醐味を味わうことはできないと思います。

伏してお願い申し上げますが、これからは、現在お経を講義している七日間に、それと平行して別に一室を荘厳（かざること）して諸尊のお像を安置し、法を理解している僧十四名、若い修業中の沙弥十四名を助法させ、供物をそなえ真言を誦えさせたいと存じます。そうすれば顕と密との二つの趣きが合わさって、如来のお心にかない、現在から将来にわたる福徳が聚まり、みほとけのご加護を得られるでありましょう。

**〔解　説〕**この奏状に対して次のような勅許が降りている。「勅す、請に依る。これを修して永く恒例とせよ」と。翌承和二年正月八日から十四日までの七日間、この勅許にもとづいて後七日御修法が修法された。場所としては宮中の勘解由司の庁を移して、その一室を内道場真言院と呼び、そこで修法されたのである。これ以後、中断したり、多少の変遷はあったが真言宗の毎年正月の御修法は、場所を京都の東寺に移して続けられ現在にまで至っている。

## 二〇、弘仁天皇の御厄を祈誓したてまつる表（八八）

沙門空海言す。伏して聖体の乖予を承わって、心神主なし。すなわち、もろもろの弟子の僧等と、法によって一・七日夜を結期して、今月八日より今朝に至るまで一・七日畢りなんと欲す。持誦の声響き、間絶せず。護摩の火煙り、昼夜を接す。もって神護を仏陀に仰ぎ、平損を天躬に祈誓す。感応未だ審んせず。己を尅めて肝を爛らす。

伏して乞う、体察したまえ。謹んで神水一瓶を加持して、かつ弟子の沙弥真朗を勒して奉進せしむ。願わくはもって薬石に添えて、不祥を除却したまえ。沙門空海、誠惶誠恐、謹んで言す。

弘仁七年十月十四日　沙門空海上表す。

## 二〇、〔口語訳〕弘仁天皇の御厄を祈誓したてまつる表

沙門、空海申し上げます。陛下のお身体の具合がよろしくないと承り、心配のあまり茫然としております。そこで弟子の僧侶たちと共に七日間を限って、今月八日から今朝まで日夜を通じて密教の法によって病気平癒をお祈りいたしました。この間、経を読む声はとぎれることなく、護摩の火煙は消えることなく、ひたすらみほとけのご守護を仰ぎ、天皇のご全快を祈りました。みほとけのお心はわかりませんが、私は一心不乱にお祈りし、まことに心配申し上げております。どうか陛下、私どもの気持をお察し下さい。謹んで、加持した水(祈りを込めた水)一瓶を弟子の真朗に持参させますので、お薬を飲まれる際にお使い下さって病気をなおして下さい。沙門空海謹んで申し上げます。

弘仁七年十月十四日　沙門空海上表いたします。

〔解　説〕ここで弘仁天皇は嵯峨天皇のことである。嵯峨天皇と空海とはきわめて親密で、互いに敬愛の心で接し、かつ時代を指導していった。空

海がその実力を十分に発揮することができたのは嵯峨天皇の信頼があったからであり、嵯峨天皇の名を高めているのは空海の協力と努力であったといえる。この二人が親密な交渉を続けた原因は二つあると考えられる。第一に天皇が文芸に高い素養を持っておられ、書道をよくし、詩文を巧みに作るのに対して空海も全く同様の才能を持っていたことであり、第二に天皇が常に国家の安泰と文化の向上を意図していたのに対して、空海もまた、僧侶の立場から常に国の安全・安泰をおもい、力を尽くして文化の向上に貢献していたことである。

　空海は嵯峨天皇の御病気を耳にし、一週間その平癒を祈った。そして文中にある通り、祈りを込め、加持した水を一瓶届け、薬を飲む際に用いてくれるよう伝えている。この水を飲めばなおります、というのとは天地の差があることが知れるであろう。健全な心を秘めた神仏への帰依というものがわかるように思う。

## 二一、大僧都空海病(やまい)に嬰(かか)りて上表して職を辞する奏状（九〇）

沙門空海言(もう)す。空海、恩沢に沐(もく)せしより、力を竭(つく)して国に報ずること歳月すでに久し。常に願うらくは蚊虻(ぶんぼう)の力を奮って、海岳(かいがく)の徳を答(たっ)せんと。しかるに今、去(い)んじ月の尽日(つごもりのひ)、悪瘡、体に起って、吉相現ぜず。両楹(えい)夢にあり、三泉たちまちに至る。竜顔を恋いて呼咽(こえつ)し、鸞闕(らんけつ)を顧みて肝を爛(ただ)らす。それ許由が小子なる、なお万乗を脱(まぬ)かる。いわんや沙門、何ぞ三界を願わん。伏して乞う、永く所職を解(と)いて、常に無累に遊ばん。ただ愁(うれ)うらくは、幸に輪王に逢いて、所願を遂げざることを。伏して乞う、陛下、終に臨むの一言を顧みることを賜うて、三密の法教を棄てたまわざれ。生生(せいせい)に陛下の法城となり、世世(せせ)に陛下の法将とならん。心神恍忽(くわうこつ)として思慮陳べず云云。

天長八年五月庚辰の日　大僧都空海上表す。

## 二一、〔口語訳〕大僧都空海病に嬰りて上表して職を辞する奏状

沙門空海申し上げます。私こと空海は陛下の厚い御厚情を頂き、精一ぱいの努力を尽してお国のために報じて参りましてからかなりの歳月が経過しております。常に微力ではございますが海のごとく山のごとき広大な恩徳に報いるにはどうしたらよいかと考え続けております。しかるに先月のおわりから悪質なできものができましてなかなか良くなりません。なにか死期が近づいたように思います。陛下にお目にかかりたく、声をあげて泣きたい気持ですし、これまで頂いた恩徳を思いますと、はなはだ苦痛を感じております。堯帝の時代の許由はそれほどすぐれた人物ではありませんでしたが王位をゆずって、位に就くことはしませんでした。私などは出家の身でございますからこの世に未練はあ

りません。伏してお願い申し上げますが、大僧都の職を解いて頂き自由に過したいと思うのです。ただ残念なことは、立派な天皇にお逢いしながら願い通りにお事えできなかったことです。伏してお願いいたします、臨終の辞職のお願いを聞きとどけて頂いたといっても、陛下には、真言密教をお棄てにならないで下さい。そうすればこの教えは、将来、いつの世においても陛下をお守りする城となり将軍となりましょう。病気のため気分がすぐれず、十分に思いを申し上げることができず失礼いたします。

天長八年五月庚辰の日　大僧都空海上表いたします。

〔解　説〕空海の願いがかなって大僧都を辞職することができたかどうかはわからない。しかしこのできものはやがてなおり、空海は高野山上で、真言密教の一層の展開のために最後の努力を傾けることになる。すなわち、高野山の堂塔の着工、東寺の経営の確立、後七日御修法の創設、真言宗に年分度者を申請して、年に三名が許される、などである。

## 二一、東寺の塔を造り奉る材木を曳き運ぶ勧進の表（九一）

右、東寺の別当沙門少僧都空海等奏す。空海等聞く、三宝を興隆することは唯一人による。

一人の務むるところは、これ孝、これ徳なり。徳の聚まるところは塔幢これ最なり。塔をは功徳聚と名づけ、幢をば興願印と号す。功徳聚はすなわち毘盧遮那万徳の集成するところ、与願印はすなわち宝生・地蔵の三昧身なり。

この故に塔を建て、幢を建つるは福徳無尽なり。近くは人天の王となり、遠くは法界の帝となる。東寺は先帝の御願なり。帝四朝を経、年三十に逾えたりといえども、しかれどもなお紹構朱だ畢らず、道俗観るものことごとく早く成らんことを願う。いかに況んや先聖なんぞ御願速かに畢ることを願いたまわざらん。

空海等謬つて良匠に代つて叨りに御願に預れり。日夕に駆馳して東西に経営す。今塔幢の材木近く東山に得たり。僧等今月十九日より夫とともに曳き運ぶ。木は大きく力は劣にして功を成さんことはなはだ難し。たとえば蟷螂の車に対い、蚊虻の嶽を負わんがごとし。一人の孝恩、百官の忠心にあらずよりんば、なんぞよく先帝の御願を荘厳し、広大の仏事を成就せん。今望むらくは、六衛八省親王京城等をして力を戮せ、誠を竭しておのおの曳くこと一味ならしめん。但し東西二寺の工夫をしておのおの持ち引けらん木をもつて材を按じて相い刻ましめん。しかればすなわち子來の人夫雲のごとくに集り、塔幢の木材不日にして到りなん。僧等が微願かくのごとし。天慈允許せば、諸司に宣付せよ。

天長三年十一月二十四日

## 二二、〔口語訳〕東寺の塔を造り奉る材木を曳き運ぶ勧進の表

右の事を東寺の別当（工事に関する責任者）沙門、少僧都空海等が奏上いたします。空海等はこのように聞いております、仏教における三宝（仏・法・僧、すわなち仏陀と仏陀の説かれた教えと、それを信奉する集団をいう）が隆盛になるのはひとえに陛下御一人のお考えによると。

天皇陛下は御先祖様には孝行をつくされ、国民に対しては徳を施されるのです。そしてその徳を象徴するものは塔であり幢（旗）であります。そこで塔のことを功徳聚と名づけ幢のことを与願印と申すのです。功徳聚とは大日如来のあらゆる功徳が集っている所の意味で、与願印とは衆生の願によって功徳を与えるの意味で宝生菩薩と地蔵菩薩の本誓を示す標幟です。こういうわけで、塔

や幢を建立すれば無量の福徳が生ずるのです。人間界でいえば国王ともなり、仏の世界でいえば仏陀にもなることができるのです。ところでこの東寺という寺院は先帝である桓武天皇の御念願によって建立されて以来桓武・平城・嵯峨・淳和の四代の天皇を経て三十年になりますが、いまだ建築は終っておらず、出家も在家もみなでその伽藍の完成を待ち望んでおりました。桓武天皇も当然のことながら発願者であられたのですから完成を願われない筈がございません。

私、空海は、名工ではありませんのに分を越えて、東寺の伽藍の完成の役を頂いてしまいました。東奔西走して夜昼なく努力した結果、近くの東山に良い材木を見つけました。そこで弟子の僧侶を動員し職かたの人々を手つだわせて今月十九日より材木を曳きはこびはじめました。しかし材木は大きく、人数も少ないのでどうにもなりません。譬えて申しますと、かまきりが車に立ち向うようであり、蚊や虻が大きな山をかつぎあげるに等しいのです。陛下の先帝への御孝心、高官がたの忠心が無ければ、どうして先帝の御願を実現し、塔を建立するという広大な仏教の大事業を成就（じょうじゅ）することができましょう。いま望みますことは、六衛、八省の職員たち、皇族の方々、左京職右京職など一致団結、力を合わせて曳いて頂きたいのです。東寺と西寺の職かたがそれぞれこうして曳いてきた木を運んで木組させますれば、子供が親のもとに集るように人力は沢山集り、塔を建てるための用材は短時間のうちに用意できましょう。私どもの願うところでございます。陛下の御許可が頂ければ役人たちにお達し下さい。

天長三年十一月二十四日

**〔解説〕**これと同文が『拾遺雑集』二四にある。ただしこちらには用材一本づつに曳くべき人まで示されている。その最初の部分だけを記せば

合して曳くべき材二十四枝

塔心材四枝

第一材　敢えてこれを出さず　曳くべき夫、五百人

第二材　敢えてこれを出さず　曳くべき夫、四百人

第三材　春宮坊　曳くべき夫、三百五十人
第四材　右大臣　曳くべき夫、三百人
　幢材四枝
第一材　左近衛府左馬寮　十一月二十七日
第二材　右近衛府右馬寮　十一月二十七日
（以下略）

この中の最初の第一材と第二材を「敢えてこれを出さず」としたのは第一材は淳和天皇、第二材は嵯峨上皇（弘仁上皇）にお願いするのであろう。はばかって敢て名を記していない。第三材の春宮坊は皇太子で後の仁明天皇のことであろう。もちろん天皇や上皇が木を曳くといっても綱を手にしてしばらく歩かれただけであろうが、これは空海の工夫であり、朝廷と国民一体となって工事に取り組むことを示すためであり、しかもこのことが桓武天皇の御願に応える親孝行になるという発想はまさに空海ならではのものと考えられる。

## 二三、紀伊国伊都郡高野の峯において入定の処を請け乞うの表（九四）

沙門空海言す。空海聞く、山高きときはすなわち雲雨物を潤し、水積るときはすなわち魚竜産化すと。この故に耆闍の峻嶺には能仁の跡休まず。孤岸の奇峰には観世の蹤相い続く。その所由を尋ぬるに、地勢自ら爾るなり。また台嶺の五寺には禅客肩を比べ、天山の一院には定侶袂を連ぬることあり。これすなわち国の宝、民の梁なり。

伏して惟るに、わが朝、歴代の皇帝、心を仏法に留めたまえり。金刹銀台、櫛のごとくに朝野に比び、義を談ずる竜象、寺毎に林を成す。法の興隆ここにおいて足んぬ。ただ恨むらくは、高山深嶺に四禅の客乏しく、幽藪窮巌に入定の賓希なり。実にこれ、禅教未だ伝わらず、住処相応せざるの致すところなり。今、禅経の説に准ずるに、深山の平地、もつとも修禅によろし。

空海少年の日、好んで山水を渉覧して、吉野より南に行くこと一日、さらに西に向つて去ること両日程にして、平原の幽地あり。名づけて高野という。計るに紀伊国伊都郡の南に当れり。四面高嶺にして人蹤蹊絶えたり。今思わく、上は国家の奉為に、下は諸の修行者のために、荒藪を芟り夷げて、聊か修禅の一院を建立せんと。経の中に誡めあり。山河地水はことごとくこれ国主の有なり。もし比丘、他の許さざる物を受用すれば、すなわち盗罪を犯すといえり。しかのみならず、法の興廃はことごとく天心に繫れり。もしくは大、もしくは小、あえて自由にせず。望み請うらくは、かの空地を賜うことを蒙つて、早く小願を遂げん。しからばすなわち、四時に勤念してもつて雨露の施を答したてまつらん。もし天恩允許せば、請う所司に宣付したまえ。軽しく宸扆を塵して、伏して深く悚越す。沙門空海、誠惶誠恐、謹みて言す。

弘仁七年六月十九日　沙門空海上表す。

**二三、〔口語訳〕紀伊国伊都郡高野の峯において入定の処を請け乞うの表**

沙門空海申し上げます。空海はこう聞いております、高い山があれば雲が生じ雨が降って種々の物が潤い育ち、水が深く豊かな所には魚や竜の類が増殖するものだ、と。この故にかつて釈尊が説法された霊鷲山には釈尊の奇瑞が後々まで続き、補陀落山には観世音菩薩の霊験がいまなお続いています。そのいわれを考えてみますと、まずその土地のたたずまいがその雰囲気を持っていること、それから、五台山の五寺などのように坐禅を修行する人々が集り、天台山の国清寺のように禅定を修行する僧が多数集るからです。こうした寺院や僧侶たちは国家にとって宝物(たからもの)に相当しますし、国民を救済するかけ橋といえるのです。

伏して考えますに、わが国の歴代の陛下は仏法に深く帰依(きえ)され、立派な寺院の伽藍(がらん)がいたるところに並び立ち、仏法を講義する高僧が寺院ごとに存在(そんざい)しており、仏教の興隆が実現しております。ただ残念なことは、わが国に高い深い山の上に修行する僧が少(すく)なく、奥深い沢のやぶや深山のがけなどに禅定に入る修行の場が無いのです。これでは深い観法(かんぼう)（密教の修法(しゅほう)や冥想(めいそう)など）は広まりません。良い修行の場所が無いからです。経典の説くところによりますと、深い山の上の平地が修禅には最も良いとされています。

私、空海は、若い時には山や川を歩きまわっておりましたが、吉野から南へ一日歩き、さらに西に向って二日ほどのところに平らな、しかも奥深い静かな場所があり、高野という所です。恐らく紀伊(きい)の国(くに)の伊都郡(いとぐん)の南に当るのではないかと思われます。四方が高い山にかこまれ、めったに人が行かない所です。考えますに、上(かみ)は国の奉為(おんため)に、下(しも)は多くの修行者のために、荒れた場所を整(ととの)えて修行のための寺院を建立したいと存じます。経文の中に一国の山河池水はすべて国王の所有物だとあり、また別の経文には、持ち主の許可なしに勝手に使用すれば盗みの罪を犯すことになると誡めております。それどころか、教えが興るかすたれるかは、すべて天皇のお心にかかっております。大小をとわず私どもは勝手にはいたしません。ぜひあの土地を頂いて私どもの小願をとげられますよう請い奉ります。そうなれば私どもは昼夜を問わずつとめはげみ、思いをこらし祈って陛下の広大な施しにお答えし奉りたいと存じます。もしお許し頂けるならば役所の方へお申し付け下さい。軽がるしく御こころをわずらわせて恐縮でございます。沙門空海、謹んで言し上げます。

弘仁七年六月十九日　沙門空海上表します。

〔解　説〕空海は四十歳を境として生活と考えとに変化があるように思える。つまりそれまでは自分の弟子の養成と自身の修行とに全力を注いでいたが、四十歳（弘仁四年）以後は、真言密教の弘通に特別に意を用いているのである。弘仁六年には諸方に勧めて密教の典籍の書写を依頼したり経疏（注釈書）の増加をめざしたりしている。そして弘仁七年、密教修行の道場として高野山を賜りたい旨の奏上をおこなった。伝教大師（最澄）が比叡山に寺院を構えたように、空海も吉野の奥の高野山に道場を望んだのは、山野を歩くことを青年の頃から好んだ空海としては当然のことであったかもしれない。しかし一面では、都会の大寺院を中心とした奈良の仏教に対する新しい立場を主張したことも含み示していると思われる。そしてこれは、同じ奈良の徳一が都を去って東北に移ったことを考え合わせてみると、一層興味深いのである。

さてこの上表から十九日後の七月八日、勅許がおりている。高野山の開創がここで始まったとすれば、八一六年、空海四十三歳であり、二〇一五年が開創千二百年に当る。高野山では四、五月の二ヶ月にわたって記念行事が催された。

## 二四、諸の有縁の衆を勧めて秘密の法蔵を写し奉るべき文（九八）

諸の有縁の衆を勧め奉って秘密の法蔵合せて三十五巻を写し奉るべし。（つぶさなる目、別紙に載せたり。）

それ教は衆色に冥い、法は一心に韞めり。迷悟機殊にして感応一にあらず。この故に応身化身、影を分って類に随い、理仏智仏秘宮にして楽を受く。一乗三乗　鑣を分って生を駆り、顕教密教、機に逗って滅を証す。いわゆる顕教とは報応化身の経これなり。密蔵とは法身如来の説これなり。顕は因果の六度をもって宗とす。これすなわち菩薩の行、随他語の方便の門なり。密は本有の三密をもって教とす。つぶさに自証の理を説く如義語真実の説なるものなり。故に『楞伽経』につぶさに四種の仏の説法の相を列ねていわく、虚妄の体相を分別する、これを報仏説法の相と名づく。応化仏は化衆生の事をなすこと真実の説法に異なり、内所証の法、聖智の境界を説かず。法仏とは内証聖行の境界を説く。華厳の地論には果分不可説と述べ、法華の止観には秘教不能伝と談ず。空論には第一義の中に言説なしと述べ、有宗には真諦の廃詮談旨を顕わす。上、応化の経より、下、論章疏に至るまで、自証を韞んで説かず、他病に随つてもつて訓を垂る。希有甚深なりというといえども、しかもこれ権にして実にあらず。伝法の聖者秘を知らずして顕を伝うるにはあらず。知つて相い譲る。良に故あり。末学この趣きを知らず。人人自学をもつて是とし、家家未だ知らざるをもつて非とす。教はこれ迷方の示南なり。衆生の迷衢を開示す。仏智を証せんと欲わば、局執すべからず。一歩してすなわち憩わば誰か宝城を見ん。貧道愚陋なりといえども、訓を先師に承けたり。貧道遠く大唐に遊んで深法を求め訪う。幸に故の大広智三蔵の付法の弟子青竜寺の法の諱恵果阿闍梨に遇いたてまつることを得て、この秘密神通最上金剛乗教を受学す。

和尚告げてのたまわく、もし自心を知るはすなわち仏心を知るなり。仏心を知るはすなわち衆生の心を知るなり。三心平等なりと知るはすなわち大覚と名づく。大覚を得んと欲わばまさに諸仏自証の教を学すべし。自証の教とはいわゆる金剛頂十万偈および大毘盧遮那十万偈の経これなり。この経は浄妙法身大毘盧遮那仏、自眷属とともに法仏法界秘密心殿の中に常恒に演説したもうところの自受法楽の教なり。故に『金剛頂経』に説かく、自受法楽の故にこの理趣を説く。応化仏の所説に同じからず、と。また竜猛菩薩のいわく、自証の三摩地の法は諸教の中に闕して書せず、と。言うこころはただこの秘密の経論の中にのみ説けり。自外の顕の経論の中には説かず、法身如来より我が大広智三蔵和尚にいたるまで師師伝受して今に六葉なり、仏法の深妙またこの教にあり。菩提を証せんと欲わば、この法最妙なり。汝まさに受学して自ら覚り、他を覚らしむべしといえり。貧道謹んで教命を承けて服勤し学習してもつて弘揚を誓う。貧道帰朝して多年を歴といえども、時機未だ感ぜず。広く流布すること能わず。水月別れ易く、幻電駐りがたし。元より弘伝を誓う、何ぞ敢えて韜黙せん。今機縁の衆のために読講宣揚して仏恩を報じ奉らんと欲う。しかれどもなおその本、多からず。法流擁滞す。ここをもつて弟子の僧康守・安行等を差して彼の方に発赴せしむ。もし神通乗の機の善男善女、もしは緇、もしは素、我れと志を同じうせんものあらば、この法明に結縁して書写し、読誦し、説のごとく修行し、理のごとく思惟せば、三僧祇を経ずして父母所生の身に十地の位を超越し、心仏に証入せん。六道四生はみなこれ父母なり。蜎飛蠕動仏性にあらざることなし。庶わくは無垢の眼を豁かんじて三密の源を照し、有執の縛を断じて五智の観に遊ばしめん。今、弘法利人の至願に任えず、敢えて有縁の衆力を憑り煩わす。

不宣、謹んで疏す。

弘仁六年四月一日　沙門空海疏す。

**二四、〔口語訳〕諸の有縁の衆を勧めて秘密の法蔵を写し奉るべき文**

教えというものはもとより一でありますが衆生の機根（性格、能力）に応じて千差万別に示され、その真理は衆生のそれぞれの心の中につつまれ存在しています。したがってあるいは迷いあるいは悟るという具合に、機根に応じて感応（仏さまとの交流）も種々であります。

この故に仏陀の応神とか化身、など顕教を説かれる仏身、あるいは密教における大日如来の理法身・智法身など同じ仏陀といっても種々差別があり、一乗教とか三乗教とかそれぞれ一口に仏教といっても自分の立場によって主張があり、衆生を導びこうとしています。また顕教あり密教あり、それぞれ衆生の機根に応じて悟りに向っているのです。この中で顕教という教えは、報身とか応身・化身の説かれた経典に示され、密教とは法身大日如来が説かれた教えであります。顕教は因果の法則に従って六波羅蜜（六つの徳目、布施・持戒・忍辱・精進・禅定・智慧）を修し、その結果として、遠い将来、うまく成就のあかつきに仏になれるのです。これはいわば菩薩の修行を大切にする仏教で、衆生の機根に応じ、世間の言葉でわかりやすくその場の事情を解決する、どちらかといえば簡単な浅い部分に効果がある教えです。それらに対して密教は衆生のだれもが本来的に大日如来と同一の心を持っているのだ、という仏陀観・人間観を前提としますから、法身大日如来を確認し、曼荼羅を心に持ちさえすれば、衆生の行動は大日の行動そのものになる、という教えです。そういう大日如来が自らの悟りのお心をそのまま説かれた、それこそ真実の言葉で説かれています。『入楞伽経』巻二、巻八（大正蔵十六、五二五、五六一）には、四種の仏の説法を述べて次のように言います。「真実でないあやまちの教えを区別するのが報身の仏の説法の内容です。応身・化身は衆生を化導するのですが真実の説法とはいえません。なぜなら仏陀の本当の心のうちを説かれない、つまり悟りそのものについては説かないからです。それに対して法身仏は悟りの境界そのものを説かれるのです」と。でありますから、華厳の『十地経論』には果分不可説（仏陀の悟りの境界というものは言葉や文章ではあらわせない）と述べ、天台法華宗の『摩訶止観』には、秘教不能伝（秘密の教えは言葉や文章で伝えることはできない）と談じています。また三論宗の『般若燈論』では第一義（悟りの境界）には言説なく、その内容は言葉ではあらわせないといい、法相宗の『大乗法苑義林章』では真諦の廃詮断旨（悟りの世界のことは言葉で表わすことはできない）と表明しています。このように、応身・化身のほとけが説かれた経典や論疏はすべて究極の悟りの境地については口や筆では言えないとしており、悟りに至る前の道のりを述べて教えを説こうとしています。当人たちは深くめずらしい教えだと言っておりますが、これでは権教（劣った教え）であって実教（すぐれた教え）とは言えません。ではこれら顕教の聖者や学僧たちは密教があることを知らずに顕教を説いていたのでしょうか。そうではありますまい。密教の教えのあることは知りながらあえて見過してしまったのです。ですから彼らの弟子たちがこのことに気付く筈はありません。ですからそれぞれの宗の人々は、自宗の教理を正しいと思い、その教理と異っているものは誤りだと思い込んでいるのです。真実の教えは彼ら迷っている人々に正しい方向を指し示してくれるものなのです。人々が迷い込んだ迷路から正しい出口を示してくれるものなのです。大日如来の仏智を得たいと思うならば固執してはなりません。少し進んでもすぐに休むようでは、どうして目的地に着くことができましょうか。

　不肖私は駄目な人間ですが、先師から教えを承けてきました。中国の唐まで行って深い教え（密教）を求めようといたしました。幸に今は亡き不空三蔵の付法の弟子にあたる、青竜寺の恵果先生にお会いすることができ、この秘密神通最上の密教を受学することができました。恵果和尚は私にこう告げられました、「もし自分の心の奥底がわかれば、みほとけのお心もわかります。仏心を知ることは衆生の心を知ることです。我心・仏心・衆生心この三心は同一なりと知れば、その人は大覚（大日如来）と呼ばれるのです。大日如来になりたいと思えば、仏陀のお悟りの内容を学ばなくてはなりません。悟りの内容の教えとは十万頌の金剛頂経及び同じく十万頌の大日経のことです。これらの経は浄妙なる法身、大日如来がご自分の眷属（一属の尊）と共に法身の秘密心殿の中で常に演説したまえる自受法楽（自らを楽しませる）の教えなのです。この故に『金剛頂経』に次のように言われます、自受法楽の故にこの理趣（内容、おもむき）を説く、これは応身仏や化身仏の教えとは違うのであると。また竜猛菩薩は『菩提心論』の中で、仏陀の悟りの内容は、密教以外の経典には絶対に説かれてはいない、と。これを要するに、密教の経典だけにのみこうした教えが説かれてあるということで、それ以外の顕教の経典には説かれていないのです。密教は、法身大日如来から金剛薩埵・竜猛・竜智・金剛智、そして不空三蔵まで六代相承され、仏法の奥深い深妙な教えはここにあるのです。悟りを得ようと思う人々にはこの教えこそ最もふさわしいのです。あなた（空海を指す）も受学して自ら悟り、他の人々も悟りに昇らせなさい」と。

私はこの師の命を承け、努力し学習して、この教えを弘めなければなりません。しかし私が帰国してからかなり年が過ぎておりますのに思うようにいかず、密教を弘くいきわたらすことができないのです。年月はどんどん経過してしまいますが教えを弘めたいという誓いは変ってはおりません。どうしてこのままでいられましょうか。

そこで密教に縁のある人々のために読んだり講義をしたりして密教の内容をわかってもらい仏の恩徳に答えたいと存じます。しかしそのためには本がたりないのです。これでは法の流れがさえぎられてしまいます。そこで、弟子の康守・安行等をそちらへ向わせますので、密教に関心のある善男善女の方々、出家であっても在家であっても私と志を同じくしている人がおられましたら、この仏教的事業に縁を結んで協力頂き、経疏を書写したり、あるいは読誦したり、そこに書かれているような修行をし、そこに説かれているように思いをこらして下されば、そう長い時間もかからずに、父母からもらったこの身体でもって菩薩の十位を越えて、自身の心中の仏陀を見出すことができるでしょう。六道四生の生きとし生けるものはみなこれ父母なのですし、飛んだりうごめいている虫たちも仏性を持たないものはないのです。願わくばけがれなきまなざしを持たれて仏陀のお心となり、諸々の執着を離れて、大日如来の境地に遊ばしめんことを。正法を弘め、人々を救済したい思いで一ぱいです。あえて御縁の深い方々の多くのお力に頼らせて頂きたいと存じます。どうかよろしくお願いいたします。

弘仁六年四月一日　沙門空海より

〔解　説〕年月は詳かではないが、これと同じ意味の書状が、陸州の徳一師、下野の広智禅師、甲州の藤太守、常州の藤太守などに宛てて、九通が残っているのは、恐らくこの年のことではないかと思われる。

特にこの文を見ると、真言密教の体系が、きわめて意を採って端的に示されており、中でも、法相・三論・天台・華厳のいわゆる四家大乗の諸宗の教理を、一言で論破するなど密教の教相判釈が完成しており、ひいては十住心思想の骨格がすでに手に入っていたような自信に満ちた文章であることに注目したい。

## 二五、高野建立の初めの結界の啓白の文（九九）

沙門遍照金剛、敬って十方の諸仏、両部の大曼荼羅海会の衆、五類の諸天、および国中の天神地祇、ならびにこの山中の地水火風空の諸鬼等に白さく、それ有形有識は必ず仏性を具す。仏性、法性は法界に遍じて不二なり。自身他身は一如と与んじて平等なり。これを覚るものはつねに五智の台に遊び、これに迷うものはつねに三界の泥に沈む。この故に大悲大日如来、ひとり三昧耶の妙趣を鑒みて、六趣の塗炭を悲歎したもう。如実智の雷、法界の殿に震い、秘密の曼荼、閻浮提に伝わる。金剛薩埵、竜猛菩薩に伝授せしより、師師相伝して今にいたるまで絶えず。遂使んじて、弘教和尚、弁正三蔵、錫を振って東来して、漢の地に流伝し、群生を抜済す。

しかりといえども、地、泓海を隔てて、人機未だ熟せず、教、秘閣に韞(つつ)んで、未だこの朝(ちょう)に及ばず。

某甲(それがし)、幸に諸仏の加持力と、幽明機熟の力とに頼(よ)つて、去(い)んじ延暦二十三年をもつて彼(か)の大唐に入(い)り、大悲胎蔵および金剛界会両部大曼荼の法、ならびに一百余部の金剛乗を奉請して、平(たいら)かに本朝に帰りき。地に相応の地なく、時、正しく是(ぜ)なる時にあらず。日月荏苒(じんぜん)として、たちまちに一紀を過ぎたり。ここにすなわち輪王運を啓(ひら)いてこの法を弘めんと擬(ぎ)す。必ずその地を得べく、四遠を簡択(けんじゃく)するに、この地卜食(ぼくしょく)せり。この故に天皇陛下、とくに恩璽(おんじ)を下して、この伽藍の処を賜えり。今、上は諸仏の恩を報じて、密教を弘揚し、下は五類の天威を増して、羣生を抜済せんがために、一(もつ)ぱら金剛乗秘密教によつて、両部の大曼荼羅を建立せんと欲(ねご)う。仰ぎ願わくば、諸仏歓喜し、諸天擁護し、善神誓願して、この事を証誠したまえ。あらゆる東西南北四維上下、七里の中の一切の悪鬼神等はみなわが結界を出で去れ。あらゆる一切の善神鬼等の利益あらんものは、意に随つて住せよ。

また願わくは、この道場はあまねく五類の諸天および地水火風空の五大の諸神、ならびにこの朝開闢以来の皇帝皇后等の尊霊、一切の天神地祇をもつて檀主となす。伏して乞う、一切の冥霊、昼夜に擁護して、この願を助け果せ。敬つて白す。

## 二五、〔口語訳〕高野建立の初めの結界の啓白の文

沙門、遍照金剛（空海の号）、敬って十方の諸仏、金剛界胎蔵法両部の大曼荼羅上のすべての諸尊、五類（上界・虚空・地居・遊虚空・地下）の諸天、および日本国中の天神地祇（神々）ならびにこの山中（高野山）のあらゆる諸鬼

（地神・水神・火神・風神・空神の五神）等に申し上げます。私が考えますに、この世の形あり識あるすべての存在には必ず仏性が存在しております。そしてこの仏陀の性質、仏陀の特性はあらゆる場所に行きわたっており、しかも一つの同一性なのです。ですから自分の身体も他人の身体も共に仏性を内含しているという意味では平等なのです。こうした真実をはっきり確認できた人は、五智を備えた大日如来の境地に過せることになりますし、その真実に気づかない人は常に三界（この世を分類して欲界・色界・無色界の三界）の最下の泥中に沈むことになるのです。このゆえに大日如来は苦んでいる衆生を覚りの世界に導こうとされて、その大いなる誓願のもとに六道を輪廻する苦しみにいる人々を悲しみ、あわれみを持たれたのです。大日如来による説法の声は殿中にひびきわたり、真言密教の教えは世界中に伝わったのです。大日如来の説法は金剛薩埵に、さらに竜猛菩薩にと師から弟子へ相承され続け、現在に至るまで絶え間がありません。さらに金剛智三蔵、不空三蔵は中国に渡り、密教は中国にもたらされました。そして多くの人々を救済したのです。しかしながら深い海にへだてられているために、さらに密教を伝える人や素質がいまだ熟せず、青竜寺の恵果阿闍梨で止まってしまってまだわが日本には伝わらなかったのです。私（空海）は幸いに諸仏の御加護と諸天及び諸先徳のお力のおかげで、去る延暦二十三年に入唐することができ、大悲胎蔵及び金剛界両部の大曼荼羅の教え、ならびに一百余部の密教経典を手に入れ、無事に帰国することができたのです。しかしながらわが国には都合のよい場所も見当らず、時にも恵まれず、時間ばかり過ぎ去ってあれからすでに十二年も経ってしまいました。そこで金輪聖王ともいうべき嵯峨天皇は、密教を弘める気運を啓いていこうという思召しをもって四方を調査され、この地を定められたのです。そこで陛下は恩徳ある印璽を下され、ここに伽藍を建てるように賜ったのです。そこで上は諸仏の恩徳に報わんために密教を弘め、下は五類の諸天の威徳倍増のため人々を救済せんがために、もっぱら真言密教によって金剛・胎蔵、両部の大曼荼羅を建立したいと存じます。

願わくは諸仏にお喜び頂き、諸天のご加護を頂き、善き神々の誓願力によってこの私の願いを成就させて頂きたいと思うのです。東西南北、四維、上下（十方の）の七里の中の一切の悪鬼神等は私の結界する境を出で去って貰いたい。またあらゆる一切の善き神鬼等の私の願の利益になるものは自由に結界内に住してよろしい。

さらにまた願わくは、この道場はすべての五類の諸神、及びこの世の一切の諸神ならびにわが国の開闢以来の各天皇・皇后等の尊霊、さらに一切の天神地祇のすべてが施主となっているのです。伏してお願い申し上げますが、一切の亡き方々の魂が夜も昼もお守り下さって、この私の願いを成就するようお助け下さいますように。敬って白し上げます。

〔解　説〕本書の二三の項で空海が高野山を賜わらんことを乞う表を紹介したが、その許可が下りた後にいよいよ建築が始まるに当って高野山上の七里四方を結界し、その中には工事を妨げる一切の悪鬼等は入らぬように精神的な柵を形成し、それを仏前に宣言したのがこの一文である。空海が高野山開創に着手しようとする直前であり、空海の強い情熱と大いなる抱負とを読み取ることができるであろう。

# 二六、高雄山寺に三綱を択び任ずるの書（一〇一）

それ仏法を護持することは、必ず綱維による。衆徒を和合することは、誠にその人を待つ。この故に妙徳は菩薩の座首たり、遍覚はすなわち慈恩の上綱たり。これすなわち法を護り人を利するの雅致なり。今この高雄の伽藍には未だ三綱を補せず、護持するに人なし。緇林鬱茂にして近童駢羅たり。指車によらずんば、誰か暁暮を知らん。

所以に近くは衆の簡びにしたがい、遠くは渤駄の遺訓に応じて、禅師杲隣を抜きんでてもつて上座となさん。杲とは雲霧を大虚に除き、光明を法界に満つ。隣とは徳を法雲の震宮に養つて、位を大日の覚殿に紹ぐ。名この徳を含めり、実まさに合契すべし。人みなともに瞻、上下同じく譲る。

苾蒭実慧を擢んでて、摩摩帝に除任す。いわゆる実とは虚を棄て偽を掃うの義、慧とは愚を剪り暗を破するの称なり。実相の三昧に遊んで金剛の妙慧を証す。この徳ここにあり、名を省みるに理に会えり。衆の心共に許す、余もまた印可す。

僧智泉を択んで羯磨陀那に任ず。金剛の智と大悲の泉と、すでに自行化他の二徳を含めり。必ず須らく緇素の二衆を調和して、同じく真俗二諦に入るべし。

この三仁を選んでかの三徳に称えり。三徳とはすなわち一切の徳なり。一切の徳はすなわち三諦なり。三諦はすなわち三宝なり。三宝はすなわち三平等なり。三平等の観は何人か行ぜざらん。誠に須らく彼此上下、同じく三三昧耶の功徳に住して、功徳をもって内外の伽藍を護持し、早く本有の五智を証し、法雷を五趣に震うべし。時に弘仁の年、季冬の月なり。

（これに続けて弟子に告げる一文があるのだが、文章から見て空海の作とは考えられない。後人の添加のように思えるのでここでは省略する。後の解説を参照して頂きたい。）

## 二六、〔口語訳〕高雄山寺に三綱を択び任ずるの書

仏法を護持するにはきまりが大切であります。また多くの人々の和を保つには人物がいなくてはいけません。この故に文殊菩薩は菩薩の上首として尊ばれておりますし、玄奘三蔵は大慈恩寺の指導者とあがめられているのです。これこそ法を護り人々に利益を与えるための大切な趣きを示しております。いまこの高雄山には三綱を定めておりません。護持する責任者がいないのです。僧侶も多勢おり、在家の信者や見習いの修行僧も沢山在住しております。指導者を定めませんと皆が右往左往してしまいます。

そこで皆の推すところや、仏陀の遺訓などを考え合わせて、杲隣を抜てきして上座に任命したいと存じます。杲とは大空から雲や霧を吹き払って光明をもたらす（無明煩悩の雲を除いて心の世界を明るくするの意）ことで、隣は徳を積んで大日如来の覚りの位に至るという意味を持っています。これは本人の内容に符合しております。人々が皆、彼を仰いでおり、先輩も後輩たちも皆彼に一目置いています。

次に実恵を寺主に選び任命したいと思います。実は虚妄を棄て去り偽物を掃い捨てる意味、恵は愚かさを払って暗さを破すことを示します。真実の相を観想して仏陀の妙なる智慧を得ることで彼の名前はまことに理にかなっております。皆も納得しておりますし、私も認めております。

智泉を都維那に任命いたします。仏の知恵と大慈悲の泉という名前には自分の修行の完成と他人を利益する二つの徳の意味が込められています。必ずや彼は出家の人々と在家の人々とをうまく調和して仏道と世間とを融合してくれると思います。

この三名のすぐれた人物を選べたことは、仏の三徳（大定・大智・大悲）がそろったことになります。三徳とは一切の徳を含んでいます。一切の徳とは空・仮・中の三諦であり三宝（仏・法・僧）であり三平等であります。三諦円融、三宝が平等であり身口意が平等であり、我心・仏心・衆生心が一つであると観想することは、すべての人が行ずべきことです。彼れも此れも、上も下も同じく三三昧耶三三平等の功徳を手中にして伽藍の内と外を護持し、すみやかに、人間が本来持っている大日如来の五智を開顕し、仏の教えをこの世の中に、雷のようにとどろかせてもらいたいものです。時に弘仁年間の十二月のことです。

〔解　説〕年月は未詳であるが高雄山寺に三綱（上座、寺主・都維那）を置くことを述べ、後半は弟子に対して与えた訓誡の文である。三綱択任の部分は、これとほぼ同文でわずかに加筆された書が『高野雑筆集』上巻、二三にあり弘仁三年（八一二）十二月の日付がある。これは高雄の灌頂が行なわれた年で、十一月十五日に金剛界、十二月十四日に胎蔵界の結縁が行なわれ、この一文は両部の灌頂が終った頃に書かれたことになる。この年、空海は三十九歳である。本書では私の責任で省略した後半の弟子への誡めの部分は、承和元年五月二十八日付の「遺誡」と同一の文で後に恐らくこの二文を一緒にしたものと思われる。特にこの遺誡の部分は、平素の空海の文章に似ないきびしさのようなものがうかがわれ、物の考え方、内容に空海らしくない狭まさが見える。いくら御入定の前年（承和二年三月二十一日が御入定）とはいえ、平素と異る文章を書くとは考えにくい。恐らく後人の作ったものではないだろうか。

次に高雄山寺について一言しておこう。高雄山神護寺、詳しくは神護国祚真言寺であるが天長元年に定額寺となり国の保護のもとに置かれて和気真綱たちの手で護られていた。真綱の兄弟たちは最澄（後の伝教大師）や空海の外護者として平安仏教や平安文化にとって忘れることのできない貢献をしている。『続日本後紀』十六には承和十三年九月、参議従三位上、和気朝臣真綱が死去したことを記して次のように言っている。

「故民部卿従三位、清麻呂の第五子なり。真綱、性を稟くること敦厚にして忠孝兼ね資く。事の中を執って未だ嘗って邪枉ならず（中略）加うるに道心素よりあり仏乗に是れ帰す。天台真言両宗の建立は、真綱及びその兄、但馬守広世の両人の力なり。（後略）」と。

　この真綱は空海の徳を慕い、天長六年になって神護寺を空海に寄進している。空海はこの寺に灌頂堂、護摩堂を新築し、正式に真言の寺とすることを奏上している。また納涼房を建立したといわれる。空海はこの寺の経営にかなり尽力していたことがうかがえるのである。なお年月は不詳だが、空海が著した、和気氏に関する法要の願文が二通あり、いずれも『性霊集』に収められているが、空海と和気氏一族との関係の深かったことが知られるのである。

## 二七、綜芸種智院の式 并に序（一〇二）

辞する納言藤大卿、左九条に宅あり。地は弐町に余り、屋はすなわち五間なり。東は施薬慈院に隣り、西は真言の仁祠に近し。生休帰真の原、南に迫り、衣食出内の坊、北に居す。涌泉水鏡のごとくにして表裏あり、流水汎溢して左右なり。松竹風来って琴箏のごとし。梅柳雨催うして錦繡のごとし。春の鳥哢声あり、鴻鴈于き飛ぶ。熱渇臨めばすなわち除き、清涼憩えばすなわち至る。兌には白虎の大道あり、離には朱雀の小沢あり。緇素逍遥する何ぞ必ずしも山林のみならん。車馬往還すること朝夕に相い続く。

貧道物を済うに意あって、竊に三教の院を置かんことを遮幾う。一言響きを吐けば、千金すなわち応ず。永く券契を捨てて、遠く冒地を期す。給孤の金を敷くことを労せずして、忽ちに勝軍の林泉を得たり。本願忽ちに感じて、名を樹てて綜芸種智院という。試に式を造って記していわく、

もしそれ九流六芸は代を済うの舟梁、十蔵五明は人を利するのこれ宝なり。故によく三世の如来、兼学して大覚を成じ、十方の賢聖、綜通して遍知を証す。未だあらじ、一味美膳をなし、片音妙曲を調うるものは。身を立つるの要、国を治むるの道、生死を伊陀に断じ、涅槃を蜜多に証すること、これを棄てて誰ぞ。ここをもって前来の聖帝賢臣、寺を建て、院を置き、これを仰いで道を弘む。しかりといえども、毗訶の方袍は偏に仏経を翫び、槐序の茂廉は空しく外書に耽る。三教の策、五明の簡のごときに至っては、壅り泥んで通ぜず。かるがゆえに綜芸種智院を建てて、あまねく三教を蔵め、もろもろの能者を招く。冀うところは、三曜炳著にして、

昏夜を迷衢に照し、五乗鑣を竝べて羣庶を覚苑に駆らん。

あるひと難じていわく。しかれどもなお事、先覚に漏れて、終に未だその美を見ず。何となれば、備僕射の二教、石納言の芸亭、かくのごときらの院、ならびにみな始あつて終なく、人去つて跡穢れたりと。答う、物の興廃は必ず人による。人の昇沈は定んで道にあり。大海は衆流によつてもつて深きことを致し、蘇迷は衆山を越えてもつて（一本には塵を積むを待つてとある）高きをなす。大厦は羣材の支持するところ、元首は股肱の扶け保つところなり。しかればすなわち、類多きものは竭きがたく、偶寡なきものは傾き易し。自然の理しからしむ。今願うところは、一人恩を降し、三公力を勠せて、諸氏の英貴、諸宗の大徳、我と志を同じうせば、百世継ぐことをなさんと。難者のいわく、善しと。

あるいは人あつて難じていわく、国家広く庠序を開いて、諸芸を勧め励ます。霹靂の下には蚊響何の益かあらんと。答う、大唐の域には、坊坊に閭塾を置いて、普ねく童稚を教え、県県に郷学を開いて、広く青衿を導く。この故に才子城に満ち、芸士国に盈てり。今この華城にはただ一の大学のみあって閭塾あることなし。この故に貧賤の子弟、津を問うにところなく、遠方の好事、往還するに疲れ多し。今この一院を建てて、普ねく瞳矇を済わん。また善からざらんやと。

難者のいわく、もしよく果してかくのごとくならば、美を尽し、善を尽せり。両曜とともんじて明を争い、二儀とともんじて久しきを競わん。国を益するの勝計、人を利するの宝洲なり。余不敏なりといえども、一簣を九仭に投げ、涓塵を八埏に添えて、四恩の広徳を報じ、三點の良因となさん。

## 師を招く章

語にいわく、「里は仁を美となす。択んで仁に処らずんば、なんぞ知ることを得ん。」またいわく、「六芸に遊ぶ」と。経にいわく、「初の阿闍梨は衆芸を兼ね綜ぶ」と。論にいわく、「菩薩は菩提を成ぜんがために、まず五明の処において法を求む」と。この故に善財童子は百十の城を巡って五十の師を尋ね、常啼菩薩は常に一市に哭して切に深法を求む。しかればすなわち、智を得ることは仁者の処にあり、覚を成ずることは五明の法による。法を求むることは必ず衆師の中においてし、道を学ぶことはまさに衣食の資にあるべし。四つのもの備ってしかして後に功あり。この故にこの四縁を設けて群生を利済す。処あり法ありといえども、もし師なくんば解を得るに由なし。故にまず師を請す。師に二種あり、一には道、二には俗。道は仏経を伝うる所以、俗は外書を弘むる所以なり。真俗離れずというはわが師の雅言なり。

一　道人伝受の事

右顕密二教は僧の意楽なり。兼ねて外書に通ぜんとならば、住俗の士に任ずべし。意に内の経論を学ばんと楽うものあらば、法師、心を、四量、四摂に住して、労倦を辞せざれ。貴賤を看ることなく、宜しきに随って指授すべし。

一　俗の博士教受の事

右九経・九流・三玄・三史・七略・七代、もしは文、もしは筆等の書の中に、もしは音、もしは訓、あるいは句読、あるいは通義、一部一帙、瞳矇を発くに堪えたらんものは住すべし。もし道人の意に外典を楽わんものは、茂士孝廉、宜しきに随って伝授せよ。もし青衿黄口の、文書を志し学ぶあらば、絳帳先生、心、慈悲に住し、思、忠孝に存して、貴賤を論ぜず、貧富を看ず、宜しきに随って提撕し、人を誨えて倦まざれ。三界は吾が子なりというは大覚の師吼なり、四海は兄弟なりというは将聖の美談なり。仰がずんばあるべからず。

一　師資糧食の事

それ人は懸瓠にあらずというは孔丘の格言なり。みな食に依って住すというは釈尊の所談なり。しかればすなわち、その道を弘めんと欲わば、必ず須らくその人に飯すべし。もしは道、もしくは俗、あるいは師、あるいは資、学道に心あらんものには、ならびにみな須らく給すべし。しかりといえども、道人素より清貧を事として、未だ資費を弁ぜす。しばらく若干の物を入れて、もし国を益し、人を利する意あり、迷を出でて覚を証することを志求せんものは、同じく涓塵を捨てて、この願を相済ふべし。生生世世に同じく仏乗に駕して、共に羣生を利せん。

天長五年十二月十五日、大僧都空海記す。

## 二七、〔口語訳〕綜芸種智院の式　幷に序

中納言を辞された藤原三守卿の邸宅が左京の九条にあり、広さは二町歩（六千坪）以上で家屋は五間です。この東には施薬慈院、西は東寺（教王護国寺）がすぐそばにあります。南は墓地で、北には官の倉庫があります。この土地の南と北には涌水があり、東西には川が流れています。風が吹けば松や竹の林がまるで琴の音のような音をかなで、春の雨が降れば梅や柳がまるであやにしきのように美しくなります。秋になれば雁が飛来しますし、夏になればこの庭にいこえば暑さを忘れるほどであります。この庭の兌には白虎の大道があり、離には朱雀の小池ありで地相にかなっており、僧侶も一般の在家の人々にとっても、散歩を楽しむのには何も山林まで行く必要は無くここで十分です。しかも車馬は朝に夕に通っていますから便利も良いのです。

私は人々を救済するために、かねてから儒教・道教・仏教などを教育するための学校を建てたいと願っておりました。そのことを発表しましたら藤原三守卿が直ちに、千金にも値するこの住居を提供してくれたのです。しかも契約書

など一切不要で、将来の悟りへの資とされたのです。かつて給孤独長者が釈尊の住居を買うために黄金を地面に敷いたという故事がありますが、その苦労も無しに私は祇園精舎にも似たこの場所を得たことになります。私の願いは忽にかなえられました。そしてこの学校を綜芸種智院と名けました。いまその学校の設立の趣意書を作ってみました。

この世の中で各種の学問や芸術は人々を救済する舟とも橋ともたとえられる重要なものであり、また十蔵とか五明とかの種々の学問は、人々を豊かにしてくれる宝物にたとえられるのです。この故にみほとけは仏教やその他の学問を広く学ばれて仏位を得られましたし、多くの賢者・聖者も様々の学問を学んでその地位に達したのです。一つの味だけで美味な食事は作れませんし、一つの音だけではすばらしい音楽は奏でられないのです。自分の人生をしっかりと送るのも、一国を立派に治めるのも、生死の世界を渡って彼岸のさとりの世界に到り、般若の智慧によってさとりの涅槃に到るという思いが無ければどうにもならないのです。したがってこれまでの英明な天皇がた、賢明な臣下がたは、寺を建立したり院を造ったりされ、これをお参りしながら仏教を弘めていかれました。しかしながら寺院に住む僧侶たちは仏典ばかりを勉強し、学校で学ぶ官使の卵たち学生は仏典以外の学問ばかり学んでいるのです。広く儒・道・仏教の書を読み、各種の五明（声明・工巧明・医方明・因明・内明）などを広く学ぶことなどしませんから、専門のことだけしかわからず、これではいけません。そこで綜芸種智院では広く三教を学び、各方面に広い能力を持った人を先生として招くつもりです。私の願いますところは、日、月、星がそろって光りかがやくように三教ともに学ぶ人々が増え、迷路に迷って夜の闇に泣く人々を照し、各種の仏教の教えが盛んになり、多くの人々が仏の座に昇れるようになることです。

ある人はこう非難するかも知れません。こうした教育事業はすでに先輩がたが試みているが成功したためしが無いではないか、と。たとえば吉備真備の作った、儒教・道教を教える二教院や、石上家嗣の作った芸亭など、作ったのは良いが成功せず、しまいには使われなくなってしまったではないか、と。しかし物のはやりすたりは必ずそのあとをつぐ人物を得なければなりませんし、人物の昇沈というものは、その依って立つ教えが必要なのです。さらに大海は多くの川が集って深く広くなるのですし、須弥山（妙高山）も多くの山にかこまれてさらにそびえ立つのです。大きな建物は多くの材木によって組み上げられますし、君主は家臣（家来）に支えられてはじめて政治が行えるのです。したがって多くの人々が協力してくれれば消滅しませんし、人が少なければ長く続きません。これが自然の道理というものであります。今、私が願うことは、陛下のご許可を頂き、太政大臣・右大臣・左大臣の三公が協力して下さり、多くのすぐれた方々、諸宗のすぐれた僧侶方で私と同じお考えに立って頂ければ末長く続くことができましょう。それまで非難していた人々もこれで納得してくれるでしょう。

しかしそれでも次のように非難するかも知れません。すでに国でも各地に学校を開いて種々の学問を勧め学ばせているではないか、雷鳴が鳴りひびいている中で蚊が鳴いているようなことをしてもはじまらないだろう、と。それに対して私はこう答えたいと思います。中国の唐の城中では、坊（一区劃）ごとに塾が置かれていて、普く一般の子供たちを教育し、あるいは県（一地域）ごとに地方の学校を開校していて学童たちを教育しています。したがってすぐれた青年たちが長安には輩出し、芸術に秀でた人々が国に多いのです。それに比べてわが国の平安京にはただ一つの大学があるだけで、他には学校も塾もありません。そこで一般の家庭の子供たちや貧しい家の子供は学問を修める場所が無く、また都から遠い村や里の者は学校には、かようことができないのです。私はいまこの学校（綜芸種智院）を建てて、学童たちを救済したいと思うのですが、善いことではないでしょうか、と。恐らくはじめ反対していた方々もこう思われるでしょう、そういうことならば善いでしょう、日や月のように明るく闇を照し、天や地のように末長く続けて下さい。これは国家のためにもなるし、人々のためにもなる立派な事業だ、と。私（空海）は無力非才な人間ですが、一つのもっこの土を高い山にさらに積みあげ、わずかなしたたりを国土八方のかざりに添える気持で努力して四恩（父母・国王・衆生・三宝の恩）の広徳に報い、仏果を得る善き原因としたいのです。

師を招く章

『論語』に、「仁（人の道）がおこなわれている土地はすばらしい。そういう土地を択んで住まなければ、仁ということがどうしてわかるだろうか」あるいはまた「六芸（六種の技芸、礼・楽・射・御・書・数）を広くたしなんで習練をおこたらない」とあり、『大日経』にも「初めて伝教の位に昇る密教の導師たる者は、さまざまな芸術・芸能を広くたしなんでいなくてはならない」とあり、さらに『十地経論』には「菩薩が悟りを得るためには、まず五明（声明・工巧明・医方明・因明・内明）も広く学んで努力しなければならない」とあります。でありますから『華厳経』では善財童子が五十三名の善知識（学者等の、知識ある人々）を訪ねて仏道を学んだとありますし、また『摩訶般若波羅蜜経』では常啼菩薩が仏道を広く求めて常に市（街）に泣いたと伝えられています。このように、智を得るには仁者に会わなければなりませんし、覚りを得るにはさまざまな芸術を学ばなければならないのです。そして法を求めるには多くの先生が必要であり、道を学ぶには衣食の資金も必要なのです。処・法・師・資の四つの条件がそろってはじめて教育の効果が生ずるのです。そこで私もこの四つの条件をそろえて人々を救済したいと思います。場所があり教えありとしても、良い先生がいなくては解答は得られません。そこで先ず先生をお招きします。先生といっても二種あります。一つは仏教学の、二つには一般の学問の先生です。仏教学もその他の学問も広く学べるようにです。仏教と世間とは離れてしまってはならない、というのがわが師（恵果和尚）の教えであります。

一、僧侶に教える心得

顕教と密教の二種の教えは本人の希望にまかせます。仏教のほかに他の学問を兼ねて学びたい者がいれば、その場合は俗人の教授にまかせなさい。仏教の経典や論書を学びたいという者には教授である法師は、自分の心に四無量心（慈・悲・喜・捨という四種の利他の心）や四摂（布施・愛語・利行・同事の四種の菩薩行）に心がけて、労苦をいとわずにはげんで下さい。すべての人々に平等に教えることにつとめて下さい。

一、俗の博士教授の事

九経（易経・書経・詩経・礼記・春秋・孝経・論語・孟子・周礼）九流（儒教・道教・陰陽道・法家・名家・墨家・縦横家・雑家・農家）三玄（荘子・老子・周易）三史（史記・前漢書・後漢書）七略（漢の劉竜が郡書から抄略したもので輯略・六芸略・諸子略・詩賦略・兵書略・術数略・方技略）七代（晋書・宋書・斉書・梁書・陳書・周書・隋書の七代史）あるいは詩歌、あるいは銘賦、または音、訓の読み方、句読（句切って読む）あるいは全体の意味、これらのどれでもよい、教えることができる人は教師として住んでほしい。もし学生の中に仏典以外の外典を学びたい者があれば、才能のすぐれた者、孝行であったり正直であったり学生の資質に応じてよく教えて頂きたい。もし文を作ったり書を学びたいという青少年がいれば、教師の方々は大慈悲の心をもって、あるいは忠孝の思いを心がけてだれにでも平等に教え導き、決して怠けぬように願いたい。『法華経』に「この世の衆生は一人残らずわが子なり」とあるように、これは仏陀の教えなのです。また『論語』で孔子が顔回に説かれたように「すべての人々は兄弟である」というすばらしい教えがあるのです。これらのお言葉を大切にしなければなりません。

次にこれも『論語』にあることばですが、人間はうり（瓜）のようにただぶらさがっているわけにはいかない。食事をとらなければ生きられないのです。『成唯識論』にも仏陀釈尊のお言葉として「契経に説く、一切有情は食によって住す」とある通りです。だから教えを弘めようとするならば必ず先ずその人々に食事をとらさねばなりません。僧侶であろうと在家の人であろうと、師であろうと弟子であろうと、学問をしたい人々には皆同じに食事を支給して下さい。しかしそうは申しても私は、清貧を大切にしている身ですから財力はありません。当分の間、人々が少しづつでもよいですから寄付を頂きたいと思います。国の利益のため、人々の利益のため、迷いの世界から覚りの世界に行きたいと願う人々は、ぜひ、どのようなわずかな寄付でも結構ですから、私の願いに協力して頂きたいのです。お互いに、これからいつの世においても、仏教の教えによってご一緒に人々を救済していきましょう。
天長五年十二月十五日　大僧都空海記す。

〔解　説〕天長五年一八二八年は空海五十五歳である。十二月十五日はあえて推測すれば恩師・恵果和尚の命日に当る。文中にも中国の唐の様子を引用しているところからも留学中の見聞が学校創立の理由の一つに挙げられると考えられ、日付を恵果和尚の命日に合わせた、としても不思議ではない。

さて当時の文化のにない手は僧侶と官使とであったが、哲学や宗教の担当者である僧侶たちは、仏教経典の研究に追われて、世間の学問から離れる傾向にあり、一方儒学を学んで身を立て国政を担当する者たちは漢籍を中心に学び、仏典を読むことをしなかった。こうした状況は、すべてのものの中に真実の道を求めようとする空海にとって見過すことができなかったのである。また当時の教育機関としては都に大学が一校あり、諸国に国学があり私学としてはそれぞれの有力な氏族が、子弟を教育するためのいくつかの施設があった。しかし大学や国学は従五位以上の者の子弟を教育して国政の担当者を養成する所であり、私学は氏族の後継者を養成する所であって、極めて限られた範囲での教育機関でしかなかった。すべての人間が等しく仏子であるという大乗仏教の立場から、空海は教育の自由と機会均等を考えたのである。すべての者が自由に学びたいものを学べる学校を計画したのである。制度のきびしい平安時代にこうした発想が生まれるのは驚きである。さらに空海はこの庶民学校では完全給食を行なっている。学問の自由と平等、完全給食は、現在の学校教育と少しも違わないのである。しかし綜芸種智院は承和十二年（八四五）閉鎖されてしまう。開設以来十八年であり、空海入定後十年の年であった。私学の経営のきびしさは今も変らないが、私たちは空海の教育への取り組みかたとそれに対する情熱を知って、その先見性と普遍性に注目するべきと思う。

## 二八、故贈僧正勤操大徳影の讃　并(ならび)に序（一〇三）

艤(いかだ)はよく済(わた)し、車はよく運ぶ。しかれどもなお、御(ぎょ)する人なければ、遠きに致すこと能わず。柁(かじ)の師なければ、深きを越ゆること能わず。道もまたかくのごとし。人を導くものは教なり。教を通ずるものは道なり。道は人なきときはすなわち壅(ふさ)がり、教は演(の)ぶることなきときはすなわち廃(すた)る。百会未だ誕(うま)れざりしかば、瞻部(せんぶ)、一乗の雷(いかづち)に聾(みみし)い、千部生れざりしかば、印度八不の日に瞽(めしい)たり。童寿錍(べい)を投げしかば、支那無起を覚り、蔵慈炬(たいまつ)を把(と)りしかば、陽谷不異を識(さと)りき。いわゆる人よく道を弘むという、この言は実(まこと)なるかな。

ここに一(ひと)りの薪を伝うるものあり。法の諱(いみな)は勤操、俗姓は秦(はた)氏、母はすなわち島の史、大和の州高市の人なり。初め母、氏嗣なくして中心にこれを憂う。数駕竜寺の玉像の前に詣して香華をもつて誠を表し、精勤して息を祈る。夜夢みらく、明星懐に入ると。ついに乃し娠むことあり。法師生れて未だ幾ばくならざるに、耶早く棄背しぬ。孤露にして帰どころなし。母氏鞠養す。年甫めて十二にして、大安寺の信霊大徳についてもつて吾が師となす。景雲四年の秋、勅あって宮中および山階寺において一千の僧を度す。法師すなわち千勤の一りなり。十六にして閑寂を渇慕して囂塵を厭悪す。ついに忘帰の思を懐いて南嶽の窟に躋る。弱冠におよぶ比に親教、数召して具足を受けしむ。入壇の後、同寺の三論の名匠善議大徳についで幽賾を稟け学ぶ。勤めて十余年を経たり。彼の大徳はすなわち故の入唐学法の沙門道慈律師の入室なり。公、篋を毗訶の中に鼓いて、念を巖藪の裏に摂む。寸陰を擲たずして二利これ競う。鶴の響き聞え易く、高天卑きに聴く。弘仁四年抜きんづるに律師をもってす。皇帝、法師を大極殿に屈して最勝を講ぜしむ。講じおわるの日、さらに紫震殿において、諸宗の大徳を集めて、旗鼓を挙げしむるに、公をもって座主となす。すなわち義を立つ。三論はこれ祖君の宗、法相はすなわち臣子の教なり。何となれば、阿僧は竜猛の中観を釈し、護法は提婆の百論を註する、ならびに帰命阿闍梨と称するが故なりと。時に敵宗の名将刀毗からし、旗靡かす。皇帝これを歎じてすなわち少僧都に任じ、造東寺の別当を兼ぬ。今上、堯の揖譲に膺って、舜の南風を扇ぐ。公、智あって弁なり、恭にして謙なり、人を導いて倦まず、物を済うに方便あるをもって、これを大僧都に擢んでて造西寺に転ず。公、位弥高くして、志逾下れり。晏嬰の雌を守るがごとく、羅云の忍辱に似たり。四量を衣となし、一如を座となす。無住の騎に乗って、この不二を唱え、有為の人を慨いて、彼の三空を談ず。所有の善業ことごとくみな鑽仰す。あるいは勤めて熌子を造つて諸寺に普ねく施し、あるいは老僧の衣を設けて一心に敬供す。あるいは倭曲を整えてもつて義成を沐浴し、あるいは漢楽を奏して、詞は能仁に享す。三千仏の名を礼すること二十一年、八座の法華を講ずること三百余会、師吼の雅音聴くもの腸を絶ち、迦陵の哀響見るもの愛死す。男女角い奔つて発心し、華野に産を忘れて会を設く。職として悲調の感なり。如来の使わすところ、公にあらずして誰ぞ。もし乃し紫雲、塔に涌いて忠孝の感を表し、神艇海に泛んで観声の応を現ず。心なくして扣くを待つこと貴賤を簡ばず。響を韞んで呼ぶに応ずること昼夜を論ぜず。

ああ、如知の医王は、狂子によつて影を滅し、大士の弘誓は、酔児にしたがつてもつて迹を顕わす。

この界には憂苦すれども、他境には歓喜せん。電影駐りがたし、幻化誰か久しからん。天長四年五月七日をもって、中京西寺の北院において、奄然として化す。春秋七十夏、臈四十七、十日をもって東山の鳥部の南の麓に荼毗す。この日、勅あって僧正を贈らる。詔慇懃なり。九重哀悼し、四衆悲みを含む。行路涙を掩い、尊卑肝を爛す。知ると知らざると、誰か哀痛せざらん。弟子の僧等、丁氏の孝感を顧みて、于邦の檀木を刻む。日月に懸けんと欲して、詞を余が翰に憑む。貧道、公と蘭膠なること春秋すでに久し。弘仁七年孟秋、もろもろの名僧を率いて、高雄の金剛道場において、三昧耶戒を授け、両部の灌頂に沐す。況んやまた、祖宗はこれ一にして法派は昆季なり。筆を含んで述べんと欲するに覚えずして潸然たり。仏城の将、人間の導、一に何ぞ早く帰って我を遺れつること唾のごとくなる。哀しいかな、哀しいかな。徳広くして跡繁く、道淵うして事多し。述者これを蔽す、三爻義を含まん。しかも偈を説いていわく。

菩薩、菩薩、体いずれにか似たる　顔容は酷だ世間の人に似たり
仏陀仏陀これいずれの色ぞ　面孔はあたかも諸趣の儻のごとし
吾が師の相貌は凡類に等しけれども　心行は文殊にして志は神のごとし
三論懐に満ちて幻影を悲しみ　一乗臆に韞んで梁津を愛す
空裏の浮雲は幾か生滅する　園中の紅蘂は爾許の春ぞ
團團たる水鏡は空にして仮なり　灼灼たる空華はまた真にあらず
他のためにしかも説いて常にこれを談ず　聴くもの歔欷して苦身を厭う
去歳の鴻鴈は今歳も至りなん　東流の河水は返ることいずれの辰ぞ
夜の台寂寂として皇霜久し　世を挙って風誦す　これ公の塵
松柏飀飀として猿の響切なり　青鸞の妙法誰に向ってか陳べん

天長五年四月十三日

## 二八、〔口語訳〕故贈僧正勤操大徳影の讃　并に序

艤は人々を向岸に渡してくれますし、車は人々を遠くに運んでくれます。しかし、いかだも車もこれを動かす人がなければ人々は遠くに行くことはできません。人を導いてくれるのは教えでありその教えを理解し到達するのにはそこに通ずる道を通らねばなりません。しかし、そこに良き指導者が無ければその道はふさがってしまいますし、教えを伝える人が無ければすたれてしまうのです。

釈尊が誕生していなければ、この世に雷鳴のごとくひびきわたる一仏乗（私たちも仏となれるという教え）について知ることはできなかったでしょうし、竜樹菩薩が生まれなかったら、印度に八不中道（不生・不滅、不常・不断、不

一・不異、不去・不来の中道に住することをめざす）の三論の教えには会えなかったことでしょう。羅什三蔵のおかげで中国で因縁生の仏道が栄え、また、智蔵や道慈のような人々のおかげでわが日本に三論の教えは伝わったのです。道を弘めるのは人である、というのはまさに至言であります。

さてここに一人の伝法者がおられます。法名は勤操、俗姓は秦氏の出です。母上は奈良県高市郡の島の庄の出身です。母上は初め子供が無く心配しておられましたが、土地にある駕竜寺のほとけさまにしばしば願をかけて香華をたむけてお参りし、子供をさずかりたいと祈りました。するとある日の夜のこと、明星が懐に入る夢を見て男子（勤操大徳）が誕生いたしました。しかし大徳が誕生して間もなく父上は死去されてしまったのです。父上なきあとは母上が一人で大徳を養育されました。大徳が十二歳になった時に、大安寺の信霊大徳に師事し、のちに神護景雲四年（七七〇）の秋には天皇の勅によって宮中及び山階寺（興福寺）で千名の僧侶を得度させることになり、大徳もその一人として得度を受けました。十六歳の時、山林の静かな場所で修行したいと心から願うようになり、ついに故郷に帰ることを忘れ、泉州の槙尾山寺に登り、二十歳のころに和尚（親教・信霊大徳を指す）は召して具足戒を受戒させてくれました。入壇し戒を受けてから槙尾山大安寺におられた三論宗の名僧、善議大徳に就いて奥議を受けました。師は先に入唐された学匠、故・道慈律師の弟子であった方でした。勤操大徳は僧院においては学問に専念し、山に入って巌や藪の中では一心に坐禅して想いにふけりました。まさに寸暇も惜んで自利・利他（自分のため、他の人々のため）の行を実践されました。陛下は法師を宮中の大極殿に招かれ「金光明最勝王経」の講義をおさせになりました。その講義の最終日には、さらに紫震殿に諸宗の代表的な僧侶を集めてそれぞれの教理を論議させたのですが、その際にも勤操大徳を上首（今でいえば議長・座長）とされ、論題を提出する役に就かせました。その際勤操大徳は次のように発言されました、「三論宗は法相宗からすれば祖宗ともいうべき教えであり、法相宗は臣子の教ともいえるのです。なぜならば、法相の無著菩薩は三論の竜猛菩薩の『中論』を注釈して『順中論』を著し、また法相の護法師は三論の提婆師の

『百論』を釈して『大乗広百論釈論』を作って、その中で無著師は竜猛師を、護法師は提婆師を師匠として弟子の礼をとっているのです」と。これを聞いて法相宗の学匠たちは、すっかり降参してしまったといいます。当時の嵯峨天皇はこれに感心されて勤操大徳を少僧都に任命され、造東寺所の別当を兼任させたのです。現在の淳和天皇も中国古代の堯と舜の両帝の関係のように嵯峨帝が御自身の親王でなく、秀れた異母弟に位をゆずられたおかたです。そうした淳和帝でありますから、大徳が高い知恵を持ち弁説に秀でている上に常に恭敬な態度で謙譲の徳を持ち、人を導き続け、人々を救済することに能力のあることを知って、大徳を大僧都に任じ造西寺所の別当に転任させたのです。勤操大徳は位がますます高くなっていかれますが、その志はますます謙虚であり続け、まるでかの晏嬰が質素な食事しか食べなかった故事や、釈尊の実子の羅睺羅尊者の忍辱（たえしのぶ）に徹した姿にも似ているほどでした。その毎日は、慈・悲・喜・捨の四無量心を衣とし、一切皆空（空に徹する、三論の目標）を座所とし、まさに応無所住、而生其心（まさに住する所なしにしかもその心生ず）の馬にまたがり、三論の八不中道を唱え、迷える人々をあわれんで、かの無性空、異性空、自性空の三空を説き続けられたのです。勤操大徳のすべての行為はすばらしく、人々は皆これを仰ぎ讃えたのです。ある時は炬燵を沢山造らせて諸寺にくばって施し、あるいは老僧たちのために衣を造らせて供養いたしました。ある時は和讃の曲を作って悉達多太子の誕生を祝って甘茶をかけたり、ある時は中国の音楽を奏して詩を作り、釈迦牟尼仏に供養いたしました。三千の仏を供養する仏名会を二十一年間続けておこない、法華八講という学問の法会も三百余会つとめました。まるで獅子が吠えるようなすばらしい説法に、人々は腸を断たれるような感動を感じました。その声の美しく響くありさまは、迦陵頻伽（妙音鳥）の声のようでそれを聴く人々はほとんどこがれ死ぬような思いにかられました。男性も女性も一様に菩提心（み仏に向う心）を発し、都の人も田舎の人も仕事を忘れてお斎の会を設けて大徳を招いたのです。もとより悲哀を催す音曲によって人々は感動しました。法華経に説かれる、釈迦如来の使いとして派遣される人は、大徳のような人でなくて誰がいるでしょう。これまでの大徳の仏事に際しての仏業は、塔の上に紫の雲がたなびいたなど、天がその忠孝の誠に感じたからであり、海を渡る途中暴風に遇い助かったのは観音さまへの祈りの声が届いたからにほかなりません。心からの慈悲をもって、だれにでも教化につとめ、いかなる問いにも答えられる智慧をもって、響きが声に応ずるように、昼夜を問わず熱心に教え導いたのです。

ああ、物事のすべてを知っておられる仏陀（医王）は迷える人々のためにみずから滅（死ぬこと）を示され、人々を救済したいという願いを持っておられる菩薩は、これまた迷える人々のためにこの世に出現されるのです。大徳の逝去は、この世では悲しいことでありますが、仏の世界では喜びをもって迎えられましょう。電影は長く留りません、幻のようにはかないいのちはどうして久しく続くものでしょうか。天長四年五月七日、京都の西寺の北院において大徳は、にわかに遷化されたのであります。御歳七十、僧侶としては四十七年でした。十日には鳥部山の南麓で火葬に付されました。この日に天皇より勅があり、僧正の位を贈られました。詔勅は大変丁重なものでありました。宮中は哀しみに満ち、出家も在家も悲しみました。道行く人々も涙を流し、自分にかゝわらず等しく嘆きました。大徳をよく知る人々もそうでない人も、すべての人々が悲しみ悼みました。弟子の僧たちは、かつて丁蘭が父母の死を悲しみ木像をつくってそれに仕えたという故事から、優塡王のように香木で像を刻み、日月がいつまでも天に懸っているようにと詞書きを私（空海）に依頼されました。私は大徳と永い以前から親しくおつき合いがあります。弘仁七年の孟秋（七月）に高雄山寺の道場で多くの名僧がたをともなって共に密教独自の三昧耶戒を受け、金剛界・胎蔵界の両部の灌頂を受けてくれました。さらに真言も三論も竜樹（猛）を祖としており、法脈からみて両宗派は兄弟の関係にあるのです。文章を作って大徳を偲ぼうと思うのですが悲しみで涙が止まりません。仏教界の指導者であり、人々を導く大導師でありました。残念なことは、なぜこのように早くこの世を去られて、つばをはきすてるように私をすててしまわれたのか。哀しいことです、哀しいことです。徳を広く人々に及ぼし、ご事跡はまことに多く、また仏教を深くきわめ、その功績も多大であります。たとえ述者たる私が大徳の多大な功績をかくそうとしても、天・地・人の三つがすべてを物語ってしまうでありましょう。私はここに偈文で大徳を讃えます。

菩薩、菩薩と仰ぎますがそのお姿は何に似ているのでしょう。お顔かたちは凡夫と変らないのです。

仏陀、仏陀と敬いますが、どのようなお姿でしょうか。お姿は私たちと異わないのです。

これと同様に、勤操大徳も私たち凡夫と変りはないのですが、お心と行いは文殊菩薩のようであり、志は神のようでありました。

三論の一切皆空の妙理を体得され、迷える人々をあわれみ、法華一乗の教理を心にとどめて、世の救済者となられたのです。

大空に浮かぶ雲は生じては滅し、庭の花は咲いては散り、みな無常のすがたを示しているのです。

水面にうつる月の姿は実体の無い空なるものですが、因縁によって生じている仮なるものとして私たちは楽しんでいます。眼病の人が空中に華を見ることがありますがこれは真実のものではありません。

大徳はこうした空・仮・中という三論の教えを常に人々に説いてくれました。聴く人々は涙を流し、わが身が苦しみの中に生きていることをなげき反省したのです。

去年渡って来たかりは今年もまた渡って来るでしょうが、東に流れ去った水が二度と再び帰って来ないように、大徳も帰らないのです。

大徳のお墓は寂しく、年が移り変っています。しかし世の人々はみなそろって大徳の遺徳を慕い続けています。

松や柏の枝が風に吹かれてざわめき、野猿の鳴き声は哀れをさそいます。勤操大徳のあのすぐれた説法はいまではだれに対して陳べられているのでしょうか。

天長五年四月十三日

**〔解　説〕** 天長四年五月七日に寂した三論宗の勤操大徳の一周忌に際して、弟子達が大徳の彫像を造り、その讃及び序を依頼されて空海が製作した文章である。かなりの長文であり、特に前半には勤操の生誕からの生い立ちまでが詳細に説かれ、依頼に訪れた大徳の弟子たちから詳しい聴き取りがされていることがわかる。

勤操は三論宗を代表する僧侶であるが、高雄の灌頂にも参加して空海のもとで密教の受戒・灌頂を受けるなど空海とは極めて親しく付き合っていたことがうかがえる。

さらに注目すべきは、文中で、空海が、真言と三論は「祖宗はこれ一にして法派は昆季なり（両宗ともに竜樹を祖としている兄弟宗派だ）」と述べている点である。空海は『中論』『十二門論』の作者であり三論宗の祖である竜樹と、密教の真言付法の第三祖である竜猛とは同一人であると考えていることからこうした文章になっているのであるが、勤操への讃としては最高の親密さを表わしている。

ちなみに、空海の十住心思想について、第六住心を法相宗、第七住心を三論宗に当てたのはなぜか、という問題は未だ明らかではない。成立の年代では解明できない。空海が参考にした『大日経』、『大日経疏』でもその差ははっきりしない。空海の内心において、唯識思想と般若の空の思想とを比較して、決断によって法相から三論への段階がつけられているのである。この問題を解くための一つの参考としてこの勤操大徳の讃が挙げられるように思うがどうであろうか。

さらに付言すれば、空海は青年時代に一人の僧から教えを受け、仏教への入門を果たしたが、それは後の勤操ではなかったか、という推論が古来からなされている。しかしこの讃を見る限りそうした推論は当っていないと思われる。もしそうであるならば、空海がそれを書き落す筈が無いからである。

この讃から明白になることは、空海が奈良仏教の人々といかに親しく交友を保っていたかであり、次の文（二九）も同じ意味を持っている。

## 二九、暮秋に元興の僧正大徳の八十を賀する詩　幷に序（一〇四）

沙門遍照金剛

それ天に翔るの鴈も次第を失わず、地に蚑うの螘もまた陳列を守る。いかに況んや天地の最霊、含識の首たる誰れか長老を尊び、眉寿を貴ぶことを遺れんや。礼には郷飲を著わし、経には供宿と称す。良に以あり。

元興寺の大徳僧正年八十に登んで、智十二に明らかなり。無著・世親の論、奥を探り、旨を諳んず。慈恩・慧沼の章、文を括り、義を綜べたり。昼はすなわち筌蹄に対し食を忘れ、夜はすなわち魚兎を観じて寝を廃つ。この故に津を問うもの遠近雲のごとくに集り、疾を懐くもの小長霧のごとくに合る。二美兼修し、六度つぶさに行ず。いいつべし仏家の棟梁、法門の良将なるものなりと。鋭鋒脱し易く、皐響すなわち達す。弘仁の太上、大僧都に抜きんで、天長の今上、僧正に任ず。人よく道を弘むという、これを古に聞けり。道よく人を通すること今に見つ。貧道恭なく下菜に備つて上聖に斉しからんことを思う。澆醨を礼義に慨んで、陵遅を道徳に悲しむ。この故に郷飲上歯の礼を取って大士供尊の義を仰ぐ。いささか二三子とともに茶湯の淡会を設け、醍醐の淳集を期す。この日金風管に入り、玉露菊に泣く、闥婆楽を奏し、緊落すなわち舞う。八音寥亮として四衆味いを忘る。これを言うに足らず。故に詠歌を事とす。乃ち詩を作っていわく。

寂業の遺教その人に転授す
三蔵古を稽え　六宗惟れ新たなり
法相の将　師を推すに仁に当れり

その体を瑚璉にして　その身を竜象にす
弁は邪鍔を挫き　智は正因に明らかなり
経を講じ論を講ずること　乍ときは秋　乍ときは春なり
聴くもの市井のごとし　学徒雲のごとくに臻る
著世の幽趣　公に非ざれば陳べず
両帝仰止し　四衆漂津とす
名の賓は僧正　実徳は仏に隣れり
伊に余　徳を尚んで　饌を設けて賓を迎う
絲竹金土　鬼神を感動せしむ
怨親既に歓ぶ　何に況んや昵親をや
卓たる彼の人宝　謂いつべし国の珍と
天長六年九月二十三日、沙門遍照金剛上つる。

## 二九、〔口語訳〕暮秋に元興の僧正大徳の八十を賀する詩　幷に序

天上を飛ぶ鴈も列を乱さずに整然と飛んでいるし、地を蚑う蛩もまた、列を守っているのです。いわんや天地の霊長といわれる人間ならばどうして長老の人を尊敬し長寿の人を貴ぶことを忘れましょう。中国でも古典の『礼記』には長寿を祝って「郷飲酒の礼」という儀式があるといいますし、経典にも『月燈三昧経』には耆宿（長寿の人）には供養すべきことが説かれてありますがまことにもっともなことといえましょう。

元興寺の大徳、護命僧正はここに八十歳を迎え、すべての経典（十二部経）の意味に精通しておられます。無著師の『摂大乗論』や世親師の『唯識三十頌』などの論書は奥義をきわめ、その意味を暗記さえしておられます。また慈恩大師の『大乗法苑義林章』や慧沼師の『唯識了義灯』などの著作についてもその意味を総括し把握しておられます。昼は経典を読み続けて食事も忘れるほどであり、夜は意味を考えて寝ることも控えるほどであります。この故に教えを乞う人々は遠くから近くから雲のごとく集り、心の病に悩む人々は、老いも

若きも霧のごとく集って来ます。自身のための自利利他の修行を積み、六度（大乗仏教の六つの徳目、六波羅蜜、布施・持戒・忍辱・精進・禅定・智慧）をよく実践されました。まさに仏教者の代表であり法相教学の大学者というべきであります。鋭くとがった錐は袋を破って顕われやすいように、その名声は天皇のお耳に達し、嵯峨上皇は大徳を大僧都に抜擢され、今上天皇（淳和天皇）はさらに僧正に任命されました。「人よく道を弘む」というのは古典の『論語』にありますが、逆に正しいことを行っていればその人によい結果をもたらすことがいまわかりました（仏道に努力した結果僧正に昇ったこと）。

私、空海は、かたじけなくも陛下より僧綱の役を頂き、同じ護命僧正に追いつけるよう努力したいと思っております。しかし現代は礼儀がうすくなり道徳がすたれがちでありますので私はこの際、長老を祝って、先輩に供養する心で二、三の弟子と共に、お茶の会を催し、貧弱ではありますが心持としては最上味の醍醐の法味のお茶のつもりでございます。この日は秋の風が竹の管に入って良い音楽を奏で、菊の花にたまった露は、さながら大徳の長寿を喜んで花が嬉し泣きしているようです。まるで帝釈天に仕えるガンダルバ（伎楽神）が楽器を演奏し、同じく天の伎楽神キンナラが舞を舞っているようです。種々の楽器が高々と響き、人々は食事することも忘れてうっとりとしてしまいます。このすばらしさはとてもことばで表わすことなどできません。詠歌にまかせるほかありません。そこで私は詩を作ってお贈りいたします。

釈尊が遺された教は、次から次へと伝えられて護命大徳まで伝えられました。護命三蔵は古くからの歴史を考え、南部の六宗が新たに日本に伝えられたのです。

法相宗の代表を考えるに、護命大徳をおいて他にはおりません。大徳は常に戒法を守り、竜象に喩えられる立派な僧侶であります。その弁説はさわやかで、間違った理論を打ちくだき、智慧は仏法の正因縁を悉く明らかにしておられます。

経典や論書の講義は秋から春へと一年中絶えることがありません。

これを聴く者は市のごとく町のごとく多数の人々が集ります。大徳の教えを乞う若き人々は雲のごとく集るのです。

無著、世親の著作された深い趣きは、護命僧正あなたでなければ解説できないのです。

嵯峨天皇も淳和天皇も大徳を尊敬され、出家も在家もともに大徳を慕っているのです。

僧正となっておられますがその実体は菩薩であります。

ここに私（空海）は八十を賀す祝宴をもうけて大徳をお迎えいたします。

自然が奏でる音楽は、鬼神をも感動させるすばらしさがあります。

敵も味方もすべて護命僧正の八十歳を喜んでいるのです。ましてや近しい方々は当然です。

大徳のすぐれたお人柄は国の宝と謂うべきものであります。

天長六年九月二十三日、沙門遍照金剛上ります。

〔解　説〕法相宗の高僧であり、当時の仏教界の長老であった護命僧正は、天長六年に八十歳の高齢を迎えた。僧正の弟子である中継は、師の寿を賀する文を空海に依頼した。これに対して空海は中継の名前で九月十一日、「秋日、僧正大師（護命僧正）を賀し奉る詩幷に序」を撰した（『性霊集』巻第十、一〇五参照）。これを機縁としてであろうか同九月二十三日、空海自ら二、三の弟子と共に、僧正の八十の寿を賀する茶会を催し、その時にも詩幷序を撰している。その文がいまここに挙げた作品である。詩といい序といい五十六歳を迎えた空海の、まさに円熟した文章は、見る私たちの目を恍惚とさせるものがある。しかもその内容を読めば、空海が護命に対して心からの敬意と親愛の情を持っていることが予測できてほほえましい。前項に挙げた勤操への讃も同様であるが法相宗や三論宗の僧侶に対してこのような親しい関係を持てるのは驚きである。空海が構成した比較思想体系である十住心思想では法相宗の教理は第六番目であり、三論宗は第七番目であり、いずれも密教に至る前の段階に位置づけられているのである。しかしそれはそれとして同じ仏教界の先輩として尊敬すべきは尊敬し、人間として親しむべき人とは宗派を超えて心を許して交友するという空海の態度はみごとである。ある人々はこれは空海の政治性に依っていると見るが、実際の空海の文を読むかぎり、政治的な言動で片づけるのは余りに短絡的であることが知れると思う。

　最後に詩の結びに護命を讃えて「言っつべし国の珍なりと（まさに国の宝というべきです）」とあるが、空海にとって偉大なる僧侶というものは、人々を救済し、国民の心を高め安定させる役目を果たしているのだから国宝と見て当然だというのであり、これは空海の率直な思いであったと考えられる。こうした語が正直に出せるのも空海の資質だからこそなのであろう。

## 三〇、後夜に仏法僧鳥を聞く（一〇九）

閑林（かんりん）に独坐（どくざ）す　草堂（そうどう）の暁（あかつき）
三宝の声　一鳥に聞く
一鳥声あり　人心（ひとこころ）あり
声心雲水　倶（とも）に了了（りょうりょう）

閑林獨坐草堂暁
三宝之聲聞一鳥
一鳥有聲人有心
聲心雲水倶了了

## 三〇、〔口語訳〕後夜（ごや）（明けがた）に仏法僧鳥を聞く

静かな林の中のいおりで明けがた独り坐（ひとざ）していると
どこからか仏法僧と啼（な）く、このはずくの声がきこえてきた

三宝をとなえる鳥の声、それを耳にして感ずる私がいる
考えてみれば鳥の声も、それを聞く私の心も
流れる雲も逝く水もすべては大日如来の三密のあらわれに過ぎないのである。

〔解　説〕場所は高雄山寺の納涼房だと考えられているが、まさに澄み切った空海の心境がうかがえるように思われる。

# おわりに

本書の出版で、空海の作品の現代語訳のシリーズも七冊目になる。当時の中国語で書かれていて、現代人にはとりつきにくい空海の文章を、なんとか少しでも読みやすいものにして、できるだけ多くの人々のこころの中に空海の思いを再生したい、という私の願いは、一応かなったと思う。しかしすでに処々で述べているように、空海の著作はまだまだ多い。各種の経典の解釈（これを開題という）も四十部もあるし、『性霊集』以外の書簡も百部を超えるほどである。『秘蔵宝鑰』の資料篇ともいえる『秘密曼荼羅十住心論』（十巻）は十箇の住心の論拠をていねいに引用している大作であるが、いずれも空海の明晳な頭脳によって慎重に分類されている点で重要な主著である。また、文章論として有名な『文鏡秘府論』（六巻）も、多くの中国に伝わる名文を空海が整理しているもので、引用文ばかりのようであるが空海の整理のしかたがすばらしいのである。さらに空海は、わが国で初の字体辞典である『篆隷万象名義』（三十巻）も作っており、日本文化の向上をめざす迫力を感ずる。これらの著作もやがて多くの人々によって現代語訳されていくであろう。私も寿命の続くかぎり努力したいと思っている。

高校生の諸君でも、自分の小遣いで気軽に手にできる本を、をモットーに続けてきた私の気持ちをＫＡＤＯＫＡＷＡの各位が受け入れてくれたおかげで、こうした事業が続けられるのである。ここにあらためて編集長の大林哲也氏並びに土屋幸子氏、泉実紀子氏に感謝して筆を置く。

平成二十七年十月

奈良県桜井市初瀬
総本山長谷寺の一室にて
加藤精一

ビギナーズ 日本の思想
空海「性霊集」抄
空海 加藤精一＝訳

平成27年 11月25日 初版発行
令和7年 6月30日 16版発行

発行者●山下直久

発行●株式会社KADOKAWA
〒102-8177 東京都千代田区富士見2-13-3
電話 0570-002-301(ナビダイヤル)

角川文庫 19472

印刷所●株式会社KADOKAWA
製本所●株式会社KADOKAWA

表紙画●和田三造



●お問い合わせ
https://www.kadokawa.co.jp/（「お問い合わせ」へお進みください）
※内容によっては、お答えできない場合があります。
※サポートは日本国内のみとさせていただきます。
※Japanese text only


ISBN978-4-04-409492-8 C0112

◆◆◆

# 角川文庫発刊に際して

角川源義

第二次世界大戦の敗北は、軍事力の敗北であった以上に、私たちの若い文化力の敗退であった。私たちの文化が戦争に対して如何に無力であり、単なるあだ花に過ぎなかったかを、私たちは身を以て体験し痛感した。西洋近代文化の摂取にとって、明治以後八十年の歳月は決して短かすぎたとは言えない。にもかかわらず、近代文化の伝統を確立し、自由な批判と柔軟な良識に富む文化層として自らを形成することに私たちは失敗して来た。そしてこれは、各層への文化の普及滲透を任務とする出版人の責任でもあった。

一九四五年以来、私たちは再び振出しに戻り、第一歩から踏み出すことを余儀なくされた。これは大きな不幸ではあるが、反面、これまでの混沌・未熟・歪曲の中にあった我が国の文化に秩序と確たる基礎を齎らすためには絶好の機会でもある。角川書店は、このような祖国の文化的危機にあたり、微力をも顧みず再建の礎石たるべき抱負と決意とをもって出発したが、ここに創立以来の念願を果すべく角川文庫を発刊する。これまで刊行されたあらゆる全集叢書文庫類の長所と短所とを検討し、古今東西の不朽の典籍を、良心的編集のもとに、廉価に、そして書架にふさわしい美本として、多くのひとびとに提供しようとする。しかし私たちは徒らに百科全書的な知識のジレッタントを作ることを目的とせず、あくまで祖国の文化に秩序と再建への道を示し、この文庫を角川書店の栄ある事業として、今後永久に継続発展せしめ、学芸と教養との殿堂として大成せんことを期したい。多くの読書子の愛情ある忠言と支持とによって、この希望と抱負とを完遂せしめられんことを願う。

一九四九年五月三日